파리가사랑한천재들

문인편

파리가 사랑한 천재들 문인편
위고에서 보부아르까지

초판 1쇄 발행 2016년 9월 30일

지은이 조성관
펴낸이 정차임
펴낸곳 도서출판 열대림
출판등록 2003년 6월 4일 제313-2003-202호
주소 서울시 영등포구 양평동3가 66 삼호 1-2104
전화 332-1212
팩스 332-2111
이메일 yoldaerim@naver.com

ISBN 978-89-90989-63-5 03900

위고에서 보부아르까지

파리가 사랑한 천재들

문인편

조성관 지음

열대림

이 책은 방일영문화재단의 지원으로 저술·출간되었습니다.

차례

졸라, 프랑스의 양심

프루스트, 기억의 연금술사

보부아르, 행동하는 지성

머리말

빈에서 시작된, 천재의 흔적을 좇는 인문기행이 프라하와 런던과 뉴욕을 거쳐 백야(白夜)의 도시 페테르부르크까지 이어졌다. 빈을 쓸 때 프라하를 염두에 둔 것은 아니었는데도 어떤 보이지 않는 힘에 끌려 나는 프라하로 인도되었다. 프라하가 런던을 불러온 것도 그랬다. 런던에서 뉴욕으로 간 것이나 뉴욕에서 페테르부르크로 간 것도 마찬가지였다.

'도시가 사랑한 천재들' 시리즈는 2007년 처음 세상 빛을 본 이후 지금까지 독자들의 꾸준한 사랑을 받고 있다. 독자들은 '도시가 사랑한 천재들' 시리즈가 테마 여행의 새로운 지평을 열었다는 반응을 전해오고 있다.

10년 이상 이 작업을 해오면서 나는 많은 독자들로부터 똑같은 질문을 받곤 했다. 그것은 "파리는 언제쯤 하느냐?"였다. 그들은 파리가 어느 도시보다도 많은 천재를 배출한 곳임을 잘 알기에 어떤 천재들을 통해 파리를 보여줄지 몹시 궁금해 했다. 그때마다 시리즈의 반환점을 도는 시점에서 파리를 다룰 것이라고 답했다.

문화기행 작가로서 나는 '도시가 사랑한 천재들' 시리즈 10권 출간을 목표로 삼고 있다. 마라토너가 반환점을 찍고 결승점으로 내달리기 위해서는 새로운 에너지가 필요하다. 나는 결승선을 향해 나를 밀어가는 추동력을 파리에서 얻고자 했다. 처음 시작하는 것과 같은 결의와 열정을 파리에서 충전하고 싶었다.

2014년 초 '페테르부르크' 편 작업이 거의 막바지에 이르렀을 때 나는 '파리'를 구상하기 시작했다. 왜 파리인가? 파리는 100년 전, 아니 30년 전이나 지금이나 세계인이 가장 찾고 싶어 하는 도시다. 최근 파리 시내 한복판에서 끔찍한 테러가 벌어졌지만 이것이 세계인의 파리로 향한 열망을 식히지는 못했다. 테러의 공포가 뒷골목을 배회해도 센강은 유유히 흐르고 에펠탑은 거기 그대로다. 파리는 세계 어느 도시보다도 자유롭고 낭만적이고 사랑이 넘친다.

센 강 풍경

파리는 예술의 도시다. 이와 함께 파리는 최초의 도시다. 예술과 과학, 그리고 사상사에서 파리는 세계 최초를 기록한 게 많다. 19~20세기 파리는 세계의 예술가들에게 로망이었다. 특히 벨 에포크(belle epoch, 좋은 시절)로 불리는 19세기 말부터 1차 세계대전 직전까지 파리는 블랙홀처럼 세계의 예술가들을 빨아들였다. 스페인, 이탈리아, 러시아, 미국, 일본, 한국……. 다양한 예술가들이 파리에서 뒤엉켰고, 이들은 서로 영향과 자극을 주고받으며 지구상에 존재하지 않았던 흐름을 창조해 냈다. 미술사의 중요 사조(思潮)가 거의 파리에서 태동했다. 인상주의는 1874년 모네에 의해 파리에서 태어났다. 어디 그뿐인가. 야수파, 입체파, 초현실주의, 아르누보……. 20세기 들어 패션이 파리에서 태동한 것은 자연발생적이다. 샤넬이 패션을 창조했고, 크리스찬 디올이 그 뒤를 이어받으며 파리를 패션의 제국으로 완성했다.

19세기 유럽은 과학기술에서 눈부신 진보를 이뤘다. 파리는 런던과 경쟁을 벌이며 과학기술의 발전을 선도했다. 파리가 런던과 다른 점이 한 가지 있다. 파리는 과학기술을 예술의 영역으로 끌어들여 승화시킨 곳이라는 점이다. 에펠은 1889년 오로지 철골로만 이뤄진 세계 최고(最高)의 탑을 세움으로써 건축적 차원을 뛰어넘어 미(美)에 대한 인류의 고정관념을 바꿔놓았다. 에펠탑은 벨 에포크의 상징이 되었다. 뤼미에르 형제가 움직이는 사진, 즉 영화를 최초로 선보인 곳도 파리였다. 형제는 1895년 이를 시네마토그라피(cinematography)라 명명했다. 퀴리 부부가 라듐을 발견하고, 루이 파스퇴르가 백신을 발명한 곳도 파리였다. 퀴리 부부와 파스퇴르가 살았던 집은 지척에 있다.

파리는 혁명의 도시다. 루소의 《사회계약론》은 프랑스 대혁명의 맹아를 뿌렸으며 민주제의 기초를 제공했다. 왕권신수설에 의해 군주제를 받아들여온 국민에게 자유민권사상을 심어준 것이 《사회계약론》이다. 루소는 파리에서 활동했으며 팡테옹에 영면해 있다. 프랑스 대혁명의 정신인 자유·평등·박애는 프랑스인의 정신세계에 면면히 흐르고, 이것이 톨레랑스(관용)로 발현되었다. 톨레랑스는 사상을 넘어서 예술에도 적용되었다. 빈에서 외설로 몰렸던 클림트의 '학부화'가 파리에서는 대상을 받았다. 서양 철학의 중요 흐름인 실존주의가 탄생한 곳도 파리였다.

천재 시리즈를 집필하면서 늘 겪는 일이지만 파리의 경우 인물 선정이 쉽지 않았다. 나름대로 위고, 발자크, 로댕, 모딜리아니, 드뷔시, 샤넬 6인을 선정했다. 문학에서 위고와 발자크, 조각에서 로댕, 회화에서 모딜리아니, 음악에서 드뷔시, 패션에서 샤넬을 선택한 것은 누구나 할 수 있는 보편적인 선택이었다. 음악에서 쇼팽을 생각했지만 프랑스 태생이 아니어서 배제했다. 건축에서 르 코르뷔지에를 놓고 고민해 봤으나 국내 독자들에게 대중적이지 않다는 이유로 제외했다.

에펠탑 아래의
에펠 흉상

'페테르부르크' 편이 나온 뒤 언론계 출신의 정계 인사와 식사 자리를 갖게 되었다. 식사를 하던 중 그가 물었다. "파리는 인물이 정해졌는지요?" 나는 별 생각 없이 위에 언급한 여섯 사람을 나열했다. 그랬더니 그가 이렇게 되물었다.

"그런데 에펠은 왜 빼셨는지요? 에펠 없이 19~20세기 프랑스를 논할 수가 없는데. 에펠이 철교를 건설했기 때문에 프랑스가……."

　이날 이후 머리 속이 복잡해졌다. 과연 에펠을 '파리'에 넣어도 되는
것일까. 확신이 더 필요했다. 평소 신뢰해 온 언론계 선배와의 식사 자
리에서 에펠 이야기를 꺼냈다. 그 선배는 당연히 에펠을 다뤄야 한다고
강조했다. 막상 에펠을 추가하고 보니 선정된 인물들이 각기 따로 노
는 듯했다. 또한 무게 중심이 예술가 쪽으로 기운다는 느낌도 주었다.
한 권에 일곱 명을 다루다 보면 한 사람 당 원고 분량이 줄어들어 자칫
겉핥기로 끝날 수도 있다는 우려도 있었다.

　고심 끝에 나는 파리에 한해 과감하게 문인편과 예술인편 두 권을
쓰기로 했다. 문인편에는 위고, 발자크에 이어 에밀 졸라, 마르셀 프루
스트, 시몬 드 보부아르를 추가했다. 에밀 졸라는《목로주점》을 쓴 소
설가이면서 권력의 횡포에 맞서 '나는 고발한다'로 양심의 목소리를 실
천한 인물이다. 프루스트는 궁극의 문학이라 일컬어지는《잃어버린 시
간을 찾아서》의 작가이고, 보부아르는《제2의 성》을 썼을 뿐만 아니라

테르트르 광장

사르트르와 동반자였다.

예술인편은 로댕, 에펠, 샤넬, 드뷔시, 모딜리아니 5인으로 확정했다. 관련 책들을 사들인 뒤 인물에 대한 연구를 막 시작하려는 시점이었다. 가수 출신 방송인과 서래마을의 한 카페에서 커피를 마시던 중에 이런 질문을 받았다. "파리에 들어갈 사람은 다 결정되셨나요?" 나는 그간의 자초지종과 함께 10인의 천재를 열거했다. 그랬더니 이 방송인이 뜻밖의 반응을 보였다.

"파리 하면 에디트 피아프 아닌가요? 파리의 목소리가 에디트 피아프인데. 저는 드뷔시보다는 피아프가 들어가야 한다고 생각합니다."

순간, 나는 뒤통수를 얻어맞은 듯한 충격에 빠졌다. 에디트 피아프라니! 피아프를 한 번도 생각하지 않은 것은 아니지만 진지하게 검토하지는 않았다. 피아프의 노래를 좋아하지만 그녀가 파리의 음악을 대표한다고는 생각하지 못했다.

나는 에디트 피아프를 놓고 음악 자문 그룹과 만나 토론을 벌였다. 드뷔시는 음악에 인상주의를 도입한 사람이다. 열띤 토론이 오고갔다. 자문 그룹 역시 피아프가 드뷔시보다 훨씬 더 파리를 대변한다는 데 의견을 모았다. 이렇게 해서 피아프로 최종 결정되었다.

결론부터 말하면, 에펠을 추천받은 것은 하늘의 도움이었다. 만일 에펠을 빼놓고 파리를 썼다면 그것은 파리를 쓴 게 아니다. 마치 용을 그려놓고 용의 눈을 그리지 않은 것이나 다름없었을 것이다. 에펠의 등장으로 인해 파리는 문인편과 예술인편으로 나누어졌고, 나는 10인의 천재를 따라 씨줄과 날줄로 직조하듯 파리를 호흡할 수 있었다.

10인의 천재가 살았던 시기를 보면 18세기 말부터 20세기 후반까지다. 발자크(1799~1850)가 가장 앞서고, 위고(1802~1885)가 바로 뒤를 잇고 있다. 발자크와 위고는 조각가 로댕(1840~1917)과 같은 시대를 살았다. 발자크와 위고는 서로 교유했지만 두 사람은 연배 차이가 나는 로댕과는 교유가 없었다. 하지만 로댕은 에밀 졸라와 왕래했다. 발자크와 위고를 깊이 숭상했던 로댕은 에밀 졸라가 찾아와 두 사람의 상(像)을 의뢰했을 때 이를 흔쾌히 수락했다. 보부아르(1908~1986)와 피아프(1915~1963) 두 사람만 20세기에 생을 받아 20세기에 생을 마쳤다.

천재 10인의 삶을 따라가 보는 것은 곧 19~20세기의 파리를 들여다보는 것

로댕 묘에 세워진
〈생각하는 사람〉

퐁피두센터

과 같다. 발자크와 위고의 흔적과 작품을 통해서 우리는 프랑스 대혁명 이후 프랑스에서 벌어진 피의 격랑(激浪)과 함께 나폴레옹이라는 영웅의 탄생을 목도할 수 있다. 로댕을 통해서는 나폴레옹 3세 시대를 들여다보게 된다. 프루스트와 만나는 것은 세기말 파리의 귀족 문화와 살롱 문화를 접하는 일이다. 또한 샤넬, 피아프, 보부아르를 통해서는 1·2차 세계대전이 그들의 인생과 예술에 어떻게 나이테처럼 아로새겨져 있는지를 확인하게 된다.

파리에 처음 온 사람은 누구나 에펠탑에 올라간다. 에펠탑에 올라가본다고 모두 에펠을 안다고 할 수는 없다. 하지만 에펠탑을 하루 동안 차분하게 살펴볼 수만 있다면 어느 순간 눈이 밝아지는 기분을 맛볼 것이다. 비로소 마레 지구의 퐁피두센터와 루브르 박물관의 피라미드 출입구가 어떻게 태어날 수 있었고, 두 기념비적 건축물에 에펠의 정신이 어떻게 스며 있는지를 이해하게 된다. 또한 현대 건축, 더 나아가 현대 디자인이 에펠에 얼마나 큰 빚을 지고 있는지를 깨닫는다. 또 에펠탑과 관련된 극적인 이야기들은 얼마나 많은가.

피아프가 아니었으면 나는 파리의 목소리를 놓칠 뻔했다. 피아프를 통해 나는 벨빌 가와 피갈 가의 정서를 호흡했고 물랭루즈와 올랭피아를 느낄 수 있었다. 피아프를 만나지 않았다면 내가 어찌 20세기 파리의 뒷골목, 밤무대의 역사, 파리지엥의 샹송을 이해할 수 있을 것인가.

센 강, 시테 섬, 노트르담 성당, 에펠탑, 개선문, 샹젤리제 대로, 생제르망 대로, 카페 되마고와 카페 플로르, 루브르 박물관, 오랑주리 미술관, 오르세 미술관, 앵발리드, 팡테옹, 퐁데자르, 리츠 호텔, 뤽상부르 정원, 물랭루즈, 몽마르트 언덕, 테르트르 광장, 캉봉 가, 올랭피아, 몽파르나스, 페르 라셰즈 묘지, 16구와 불로뉴 숲……

파리를 찾는 사람이라면 누구나 한번쯤은 들르고 싶어 하는 곳들이다. 천재들은 이곳에 저마다의 보이지 않는 흔적을 남겼다. 프랑스는 2차대전 당시 파리를 보존하려 독일과 싸우지 않고 항복을 선택했다. 그 결과 역사적인 현장이 고스란히 남아 있다. 지금부터 10인의 천재들과 함께 파리를 여행해 보기로 한다. 파리가 전혀 다른 얼굴로 말을 걸어오는 것을 확인하게 될 것이다.

조성관

파리 현지 취재에는 여러분의 도움이 있었다. 먼저 루이까또즈 전용준 회장님에게 감사를 표한다. 평소 예술가를 꾸준히 후원해 온 전 회장님은 '뉴욕'에 이어 두 번째로 '파리' 현지 취재를 후원했다. 대한노인회 이심 회장님, 안아픈병원의 김문호 박사님, MPS 정해룡 대표님도 파리 취재에 아낌없는 격려를 보내주셨다. 샤넬 아시아 지역 패션 총괄 허산주님, 소쿠리패스 이재숙 이사님에게도 깊은 감사를 드린다. 코디네이터 겸 통역 이보름 씨도 언급하지 않을 수 없다. 건축가 이보름 씨를 만난 건 행운이었다. 이보름 씨의 진실한 도움이 없었으면 40도를 웃도는 폭염 속에 힘든 취재를 무사히 마칠 수 없었을 것이다.

위고,
세기의 거인
1802~1885

Victor Hugo

"프랑스엔 위고가 있다"

영웅호색은 권력자에게만 적용되는 것이 아니다. 빅토르 위고처럼 영웅호색이란 말이 잘 어울리는 인물도 없을 듯하다. 위고는 여러 면에서 영웅호색의 전설이 되기에 필요충분하다. 그는 83세로 장수했다. 평균 수명이 50세에 불과하던 19세기에 83년을 살았다는 것은 21세기 기준으로 보면 90대 중반이 넘는다.

많은 사람이 일생을 살면서 하고 싶은 것을 하지 못한 채, 원하는 인생을 살지 못한 채 생을 마감한다. 그러나 빅토르 위고는 남자로 태어나 하고 싶은 것을 모두 다, 그것도 최대치로 이루며 살았다. 그는 타고난 건강이라는 행운을 방대한 문학 작품을 생산하는 데 쏟아부었다. 그리고 짬짬이 시간을 내 쾌락을 향유했다. 부인과 공식 정부(情婦)를 거느리는 복잡한 관계 속에서도 틈틈이 다른 여자들을 품었다.

어디 그뿐인가. 그는 현실정치에 적극적으로 참여해 정계에서 실력자로 활동했다. 장수하면서 위대한 성취를 이루고 남자의 본능을 마음껏 향유하면서 권력까지 누리는, 눈을 감는 순간까지 일과 쾌락이 균형을 이루는 인생을 살았다. 그러니 어찌 전설이 되지 않겠는가. 위고

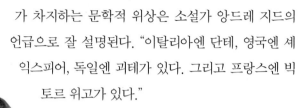

가 차지하는 문학적 위상은 소설가 앙드레 지드의 언급으로 잘 설명된다. "이탈리아엔 단테, 영국엔 셰익스피어, 독일엔 괴테가 있다. 그리고 프랑스엔 빅토르 위고가 있다."

2002년 2월 26일, 프랑스는 위고 탄생 200주년을 맞아 국가적인 기념행사를 치렀다. 수많은 인파가 거리로 나와 탄생 200주년을 축하하는 가운데 시라크 대통령은 예찬사를 발표했다. 프랑스 교육부는 전국 초중고교 첫 학기 첫 수업에 위고의 작품을 낭송하도록 하는 공문을 내려보냈다. 자크 랑 교육부장관은 새해 첫 수업이 시작되는 날 한 초등학교를 방문해 학생들 앞에서 위고의《징벌 시집》한 구절을 낭송했다.

생존하는 한국인 중 샤를 드골을 직접 본 사람은 몇 사람 되지 않는다. 풍운아 김종필은 1960년대 중반 일시적으로 정계 은퇴를 하고 유럽 여러 나라를 여행했다. 그는 프랑스 파리에서 우연히 샤를 드골의 연설을 듣고 전율했다. 김종필은 회고록에서 "우리에게는 나폴레옹이 있고 빅토르 위고가 있다고 외치는 드골의 모습을 잊을 수가 없다"고 썼다.

빅토르 위고의 대표작은《레미제라블》과《파리의 노트르담》이다. 이 중 세계인이 끝없이 소비하는 작품이《레미제라블》이다. 왜 우리는 지금 이 순간에도《레미제라블》에 감동하고 있을까.《레미제라블》에 면면히 흐르는 사상은 숭고한 휴머니즘이다. 장발장과 코제트는 냉혹한 현실이 낳은 희생자들이다. 그런 장발장이 미리엘 주교를 만난 뒤로 자비로움의 화신이 되어 휴머니즘의 승리를 하나씩 실천해 간다.

심지어 자베르 경감에게도.

한국인 대부분은 대하소설 《레미제라블》을 영화, 뮤지컬, 소설 순으로 접했다. 이게 무슨 말인가. 어린 시절 우리는 《레미제라블》을 완역본이 아닌 축약본 《장발장》으로 만났다. 이런 까닭에 일부에서는 《장발장》과 《레미제라블》이 각각 다른 책이라고 생각한 사람도 있었다. 그렇다고 뭐라 할 수도 없다. 현실적으로 대하소설인 《레미제라블》을 어떻게 어린이가 읽는다는 말인가.

영화 〈레미제라블〉
한국판 포스터

소설 《레미제라블》에 등장하는 첫 지명은 디뉴. 이탈리아 국경과 가까운 산간마을이다. 소설은 디뉴에 사는 미리엘 주교와 당시 시대 상황을 장황하게 설명하는 것으로 시작한다. 미리엘 주교가 가난한 사람을 위해 얼마나 봉사하고 헌신해 왔는지에 대해 지루할 정도로 상세히 묘사한다. 그 분량은 자그마치 101쪽에 달한다. 이후 디뉴에 나타난 걸인 행색의 이방인에 대한 이야기가 펼쳐진다. 그가 바로 장발장이다. 그러니 축약본이 나오는 건 당연하다.

어린 위고의 흔적

빅토르 위고는 1802년 2월 26일 프랑스 브장송에 태를 묻었다. 그의 출생연도를 기억해 두자. 프랑스 대혁명 3년 뒤에 태어났다는 사실을. 아버지는 로렌 지방 방앗간집 아들인 레오폴 위고 장군이고, 어머니는 낭트 지방 선주의 딸인 소피 트레뷔세였다. 빅토르 위고는 부부의 셋째 아들로 태어난다.

프랑스는 1789년 프랑스 대혁명 이후 50여 년간 극심한 정치사회적 혼돈을 겪었다. 현직 장성이었던 아버지는 권력의 흐름에 따라 마르세유, 엘바 섬, 코르시카 섬, 나폴리 등지로 임지를 옮겨야 했다. 유년기의 빅토르 위고는 아버지를 따라다녔다.

부부 사이는 좋지 않았다. 두 사람은 형식적으로 결혼생활을 유지한 채 각자 애인을 두고 있었다. 어머니 소피는 빅토르의 대부인 라오리 장군을 사랑해 그와 함께 지내는 시간이 많았고, 아버지 레오폴 역시 애인이 있었다.

어머니 소피가 아들 셋을 데리고 파리 푀이앙틴 가에 자리잡은 것은 1809년 봄. 푀이앙틴에서 살았던 2년 동안 빅토르는 생자크 가에 있는 초등학교에 다녔다. 초등학교 시절 빅토르는 모든 면에서 두각을 나타냈다. 라틴어, 그리스어 등 모든 과목에서 다른 학생들의 추종을 불허했다. 이 시절 빅토르는 어머니 친구의 딸인 아델 푸셰를 알게 된다.

1811년, 어머니와 세 아들은 파리를 떠나 이번에는 아버지의 새로운 발령지 마드리드로 갔다. 하지만 마드리드에서 부부 갈등은 더 악화되었고, 급기야 어머니는 세 아들을 데리고 푀이앙틴 가로 되돌아온다. 아버지와 떨어져 살게 되면서 형제들은 어머니의 영향을 더 많이 받게 된다. 한 인간의 정치적 성향은 어린 시절 밥상머리에서 부모가 주고받는 정치 이야기가 뇌리에 박혀 성인이 되어서까지 오랜 기간 영향을 미치곤 한다.

빅토르가 바로 그런 경우였다. 앞서 언급한 것처럼 어머니에게는 애인 라오리 장군이 있었다. 그런데 라오리 장군이 나폴레옹에 반대하는 음모를 꾸몄다는 혐의로 체포되어 총살형을 당한다. 애인을 잃은 어머니는 나폴레옹에 대한 반감을 키우면서 왕당파 추종자가 된다. 어머니의 영향으로 빅토르는 작가가 되어서도 상당 기간 부르봉 왕가를 지지하는 입장에 선다. 이런 정치적 경향은 그의 시와 소설에도 자연스럽게 배어나왔다.

아버지와 어머니는 마드리드와 파리라는 지리적 거리에도 불구하고 끝없이 갈등하고 다퉜다. 아버지는 자식들에게 영향력을 행사했다. 아버지는 두 아들 외젠과 빅토르를 어머니로부터 떼어놓기 위해 라탱 가의 코르디에 기숙학교에 집어넣는다. 그러면서 아버지는 이복 누나 마르탱에게 두 아들의 보호책임을 맡긴다. 어머니와 강제로 떨어졌지만 형제는 엄격한 고모의 눈을 피해 어머니와 만난다. 형제는 둘 다 학교 공부를 좋아했다. 아버지는 두 아들을 파리 공과대학에 보내고 싶어 했지만 빅토르는 시와 문학에 더 흥미를 느꼈다.

빅토르와 외젠이 다녔던
마드리드의 학교 전경

위 푀이앙틴 거리
가운데 푀이앙틴 거리
에 있는 위고의 플라크
아래 푀이앙틴 거리 표
지판

빅토르 위고와 관련, 가장 먼저 가보고 싶은 곳은 푀이앙틴 가 8번지다. 빅토르 위고의 어린 시절의 기억과 추억이 쌓여 있는 곳. 27번 버스를 타고 푀이앙틴 정류장에 내렸다. 버스 정류장에서 대각선 방향의 모서리를 돌면 푀이앙틴 골목길이다. 푀이앙틴 가로 들어서면서 나는 조마조마했다. 소년 빅토르 위고가 살던 집이니 그곳에 어떤 흔적이라도 남아 있기를 간절히 희망했다. 8번지 앞에 이르자 플라크가 보였다. 나는 거의 만세를 부를 뻔했다.

"1808년부터 1813년까지 빅토르 위고는 유년기의 한복판을 이곳에서 보냈다. 이곳에는 지금은 없어진 푀이앙틴 수도원이 있었다."

뜻하지 않은 소득도 있었다. 이 플라크 옆에 또 다른 플라크가 붙어 있었다. 놀랍게도, 플라크의 주인공은 파스퇴르였다. 더 이상의 설명이 필요 없는, 프랑스의 화학자이며 미생물학자인 루이 파스퇴르

(1822~1895)가 이곳에 있던 바르베 학교에 다녔다는 내용의 플라크였다. 빅토르가 떠나고 한참 뒤 이곳에 학교가 들어섰는데, 바로 바르베 학교였다. 현재는 유리세공 직업학교로 바뀌어 있었다. 푀이양틴 가에서 15분 거리에 뤽상부르 공원이 있다.

사춘기에 접어든 빅토르는 1815년부터 1818년 사이에 왕성한 습작을 한다. 그는 노트 세 권 분량의 시를 썼는데, 그 중에는 나폴레옹에 반대하는 신념을 드러낸 시도 있었다. 1816년 7월 10일자 일기에는 이런 다짐을 남겼다. "샤토 브리앙이 아니면 아무것도 되지 않겠다." 샤토 브리앙(1768~1848)은 프랑스 낭만파의 선두주자다. 열네 살 소년의 꿈이 얼마나 당돌하고 야무진가. 1817년 소년은 스스로의 운명을 결정했다. 그는 몰래 아카데미 프랑세즈가 주최한 시 창작대회에 참가해 9등으로 입상한다. 이것을 계기로 그는 아버지의 희망인 파리 공과대학을 포기하고 법대에 진학한다. 형 외젠도 덩달아 법대에 들어갔다.

샤토 브리앙

1818년 2월, 빅토르 부모는 소송 끝에 이혼에 합의한다. 어머니 소피는 양육권과 함께 양육비와 위자료 3,000프랑을 받는다. 이제 형제는 아버지의 그늘에서 벗어날 수 있었다. 형제는 기숙학교를 나와 어머니 집으로 들어간다. 1819년 빅토르는 툴루즈 아카데미가 주최한 시 창작대회에 참가해 왕정(王政)을 찬양하는 시를 짓는다. 빅토르는 최고상에 해당하는 황금백합상을 받았다. 열일곱 살 소년은 생애 최초의 성공을 맛본다. 빅토르는 시를 통해 공포정치를 일삼는 혁명파들과 자유주의자들에 대한 혐오를 드러냈다.

첫사랑 아델 푸셰

외젠과 빅토르는 이따금씩 어머니를 따라 어머니 친구 푸셰 씨의 집을 방문하곤 했다. 그 집에서 형제는 소꿉친구 아델을 만났다. 아델은 이제 수줍음 많고 아리따운 열여섯 처녀가 되어 있었다. 아델은 형제를 다 좋아했는데, 정신이 불안정한 외젠보다는 빅토르를 더 좋아했다. 빅토르와 아델은 아무도 모르게 달콤한 시선을 주고받았다. 10대는 사랑과 혁명에 물불 안 가리는 나이! 황홀한 첫사랑의 늪에 빠진 청년 시인 빅토르는 질풍노도의 감정을 편지에 담아 보내곤 했다.

비밀 연애는 1년 만에 양가 부모에게 발각되고 만다. 푸셰 씨 부부는 두 사람의 결혼을 반대하지 않았지만 빅토르의 어머니는 달랐다. 앞날이 창창한 아들의 장래를 생각할 때 아델 집안은 너무 평범해 보였다. 어머니는 빅토르에게 다시는 아델을 만나지 말라고 명령했다. 빅토르는 아직 어머니를 거역할 수 없는 어린 나이였기에 이러지도 저러지도 못하며 괴로운 나날을 보낸다.

첫사랑 아델 푸셰

그러다 1821년에 어머니가 폐렴으로 사망한다. 장례를 치른 뒤 빅토르는 형제들을 대표해 아버지에게 도움을 요청하는 편지를 보냈지만 위고 장군은 자식들의 간절한 기대를 외면한 채 재혼한다. 형제들은 하루아침에 의지할 데 없는 고아 신세가 되었다.

이제 젊은 시인의 마음속에는 아델밖에 없었다. 거리낄 게 없었다. 하지만 이번에는 자존심에 상처를 입은 아델 부모가 두 사람의 결합을 반대하는 입장이 되었다. 아델 부모는 딸을 빅토르에게서 떼어놓으려 파리 근교 베르사유로 이사를 간다. 부모가 반대하면 할수록 청춘의 사랑은 더 불타오른다는 것을 아델 부모는 헤아리지 못했다. 파리 중심가에서 베르사유까지는 약 20킬로미터. 서울로 치면 광화문에서 안양까지의 거리다. 마차가 유일한 교통수단이던 시절 빅토르는 아델을 보러 베르사유까지 걸어

1822년 빅토르가
아버지에게 보낸 편지

가곤 했다. 도중에 깡패들을 만나 봉변을 당한 일도 있었다. 그러나 무모한 사랑은 청춘의 특권이 아니던가. 하루가 멀다 하고 딸을 찾아오는 빅토르에게 아델 부모는 두 손을 들었고, 두 사람은 결혼을 약속하게 된다. 그러면서 두 사람은 결혼 첫날밤까지 순결을 지켜주기로 언약했다.

빅토르는 하루라도 빨리 결혼하고 싶었지만 돈이 없었다. 그때 루이 18세가 군주제를 찬양하는 시를 쓴 젊은 시인에게 1,200프랑의 상금을 하사한다. 빅토르는 이 돈으로 결혼식을 치렀다. 결혼식은 1822년 10월 12일 생쉴피스 성당에서 치러진다. 빅토르는 아버지에게 결혼을 축하해 달라는 편지를 쓰지만 아버지는 끝내 나타나지 않았다. 이 장면은 모차르트의 결혼식을 연상시킨다. 아버지 레오폴트는 자신의 뜻을 거역하고 잘츠부르크에서 빈으로 간 모차르트를 못마땅하게 생각했고, 끝내 결혼식에 참석하지 않았다. 신혼집을 마련할 돈이 없던 빅토르는 일단 처가살이를 하며 전업작가의 길을 걷는다.

빅토르 위고가 결혼식을 올린 생쉴피스 성당으로 가본다. 지하철 4

생쉴피스 성당

호선 생쉴피스 역에서 내리면 금방이다. 성당 앞마당에는 프랑스의 가장 위대한 낭만주의 화가로 칭송받는 들라크루아 동상이 있다. 생쉴피스 성당은 사실 빅토르 위고보다는 댄 브라운으로 인해 더 유명세를 얻었다. 그의 소설 《다빈치 코드》는 5,000만 부 이상이 팔린 세계적 베스트셀러다. 같은 제목의 영화로도 만들어져 역시 원작에 걸맞은 관객을 동원했다. 주인공 사일러스가 루브르 박물관에서의 첫 번째 살인에 이어 두 번째 살인을 저지르는 곳이 바로 생쉴피스 성당이다.

빅토르의 첫날밤과 관련된 유명한 일화 한 토막. 스무 살의 숫총각 빅토르는 첫날밤 무려 아홉 번의 섹스를 했다고 한다. 이 지극히 사적인 이야기가 어떻게 세상에 알려질 수 있었을까. 빅토르는 첫날밤 이야기를 친한 동료 문인에게 자랑스럽게 털어놓았고, 이 사실은 금방 문단에 회자되었다.

최초의 사형폐지론자

빅토르 위고는 1823년 스물두 살에 첫 소설 《아이슬란드의 한》을 발표한다. 첫 소설로 그는 주목을 받았고, 젊은 작가들이 모이는 아르스날 살롱에 초대된다. 그는 살롱 멤버들과 함께 낭만주의 기관지《라 뮈즈 프랑세즈(La Muse française)》를 창간한다.

이해 7월에 위고는 첫아들 레오폴을 얻지만 겨우 2개월여 만에 세상을 뜬다. 19세기 초까지 유럽은 산욕열 등으로 인해 영아 사망률이 30~40퍼센트에 이르렀다. 이런 아픔 때문이었을까. 의절한 채 지냈던 아버지가 아들을 찾아와 위로하고 두 사람은 화해한다. 곧이어 부부는 둘째로 딸 레오폴딘을 얻는다.

1825년에 접어들면서 서광이 비치기 시작한다. 루이 18세의 뒤를 이은 샤를 10세. 황제의 대관식이 랭스에서 거행될 때 그는 역사적인 자리에 초대받는다. 그는 아내에게 대관식에서 얼마나 행복했는지에 대해 편지로 써보냈다. 왕당파인 위고는 부르봉 왕가를 지지하는 시를 썼고, 샤를 10세는 1,000프랑의 상금을 내린다. 이어 레지옹 도뇌르 훈장을 받는다.

1833년의 위고

권좌에 오른 샤를 10세 정부는 태도를 바꿔 언론을 탄압하는 정책을 펼쳤다. 아버지 레오폴은 아들 빅토르에게 부르봉 왕가에 대한 충성을 접고 나폴레옹 편에 서라고 설득했다. 샤를 10세에 실망한 아들은 아버지의 말에 동요했다. 빅토르는 정치적 입장 변화가 불가피하다는 것을 절감한다. 이즈음 그는 자신을 높이 평가한 청년 비평가 샤를 생트뵈브를 알게 된다. 생트뵈브는 빅토르의 집에 자주 놀러올 만큼 친한 사이가 되었다.

매일 저녁 노트르담 데샹 가에 있는 위고

의 집에 작가와 예술가들이 모여들었다. 그들은 외젠 들라크루아, 테오필 고티에, 프로스페르 메리메, 알프레 드 비니, 생트뵈브 등이었다.

비슷한 시기에 위고는 희곡《크롬웰》을 발표한다. 그는《크롬웰》에서, 연극은 한 장소에서 하루 동안 벌어지는 한 가지 플롯만을 가져야 한다는 고전주의의 삼일치(三一致) 법칙에 반대하는 새로운 연극의 개념을 제시했다.《크롬웰》의 서문은 낭만주의 시대가 도래했음을 알리는 선언문이었다. 신(神)이 아닌 '나'라는 개인을 중시하고 이성보다 인간의 감정과 상상력을 중시하는 게 낭만주의 운동의 핵심이었다.

1828년, 아버지가 눈을 감았다. 어머니와의 불화로 인해 자식들과도 애증의 관계였던 아버지. 그러나 부모 자식 관계는 천륜이었다. 천붕의 슬픔에 빠져 있던 그를 위로한 것은 새로운 생명의 탄생이었다. 아델이 셋째 프랑수아를 낳았다.

샤를 10세의 공포정치는 점점 도를 넘었다. 실업자가 속출했고 하층계급의 아이들은 굶주림으로 죽어갔다. 하층민의 삶이 피폐해져 불만이 커져갈수록 권력은 공포정치로 대응했다. 위고는 시청 앞 그레브 광장에서 진행된 공개처형 장면을 수없이 목격했다. 혁명과 반혁명이 반복되는 혼란기에 그레브 광장에서 죽음의 난장(亂場)이 벌어졌다.

대혁명 직후 2년 반 동안 콩코르드 광장에서는 루이 16세, 마리 앙투아네트, 로베스피에르를 포함한 1,119명이 처형되었다. 악명 높은 기요틴이 처음 등장한 것은 대혁명 4년째인 1792년 4월이었다. 고통을 줄이려는 목적으로 발명된 이 살인기구는 정식 사형도구로 채택되어 오랜 기간 사용되었다.

위고 역시 기요틴 처형을 수도 없이 목격했다. 당시 사형 집행은 광장에서 중인환시리(衆人環視裡)에 거행되곤 했다. 반역자의 최후를 공개함으로써 권력에 저항하지 못하게 하겠다는 계산이었다. 그는 기요

틴의 칼날 아래에서 바들바들 떨면서 오줌을 싸는 사형수들을 여러 번 목격했다. 공포에 떠는 사형수들의 모습에 충격을 받아 그는 희곡《사형수 최후의 날》을 쓰게 된다. 그는 《사형수 최후의 날》에서 국가가 한 인간에게, 그가 저지른 것과 똑같은 일을 겪게 해서는 안 된다는 주장을 펼친다. 오늘날 사형폐지론자의 핵심 논리를 설파한 이가 1828년의 위고였다는 사실을 기억해 두자. 위고는 최초의 사형폐지론자다.

위고의 그림 〈교수형에 처해진 사람〉

참혹한 살인현장을 목격한 사람은 누구나 그 충격으로 인해 사형존치론의 입장에 선다. 반대로 살인을 저지른 사형수라 할지라도 교화되어 선한 사람으로 바뀌었을 경우, 그런 사람의 목숨을 국가가 빼앗을 권리는 없다는 입장이 사형폐지론자다. 사형폐지론과 사형존치론은 21세기에도 여전히 맞선다. 하물며 19세기 초반에 위고가 사형폐지론을 들고 나왔으니 권력층에서 보면 그가 얼마나 눈엣가시 같은 존재였을까. 그는 사형제를 권력이 저지르는 야만 행위라고 평생 동안 비판했다. 위고가 사형폐지론을 주장한 것은 낭만주의를 신봉한 것과 같은 맥락으로 해석할 수 있다.

위고의 활동과 작품은 차츰 권력과 갈등을 빚는 일이 많아졌다. 권력은 그의 신작 희곡《마리옹 드 로름》이 가져올 영향력을 두려워한 나머지 공연 금지 결정을 내린다. 위고는 샤를 10세가 제시한 상금 4,000프랑을 거절함으로써 정치적으로 왕당파와 절연한다.

잔인했던 처형 현장인 시청 앞 그레브 광장으로 가보자. 시청역은

**파리 시청 앞의
그레브 광장**

지하철 여러 노선이 교차해 매우 복잡하다. 정신 바짝 차리고 출구를 찾지 않으면 청사 뒤쪽으로 나가 한 바퀴 빙 돌아야 한다. 봄, 여름, 가을 시청 앞 그레브 광장은 언제나 축제와 거리공연으로 흥이 넘친다. 늦은 밤까지 자유와 낭만의 향연이 펼쳐진다. 에펠탑, 노트르담 성당 못지않게 세계의 여행객들이 꼭 와보고 싶어 하는 곳이다.

그레브 광장에서 벌어지는 축제의 현장을 보노라면 인생의 아름다움을 실감한다. 이곳이 1831년까지 교수형, 화형, 능지처참형 등이 처해진 처형장이었다는 사실을 여행자들은 얼마나 알까. 1610년, 바로 이곳에서 앙리 4세의 암살범이 뭇사람들 앞에서 말 네 필에 의해 능지처참 당했다는 사실을.《파리의 노트르담》에서 집시여인 에스메랄다가 교수형에 처해지는 곳 역시 그레브 광장이었다.

실천하는 낭만주의자

1830년 2월 25일 오후, 프랑스의 국립극장 '코미디 프랑세즈'에 젊은 낭만주의자들과 가발을 쓴 늙은 고전주의자들이 모여들었다. 전의(戰意)에 불타는 낭만주의자들은 위고의 신작 〈에르나니〉 초연을 보기 위해 객석을 차지하고 있었다. '가발 쓴 늙다리들'인 고전주의자들 역시 객석에 있었지만 이미 기세에 눌려 있었다. 막이 오르기도 전에 양측은 기싸움을 벌였다. 낭만주의자들은 고전주의자들에게 양배추를 집어던지며 함성을 질러댔다. 〈에르나니〉는 대성공을 거두었고, 한 출판사에서 〈에르나니〉를 6,000프랑에 사들였다.

1830년 그랑빌이 그린, 연극 〈에르나니〉 소동 캐리커처

이날 이후 국립극장에서 막을 올린 45편의 공연은 건건이 '젊은 낭만주의자들'과 '가발 쓴 늙다리들'의 대결장이 되었다. 무대 위에서의 대결은 무대 밖으로까지 이어졌고, 폭력 사태로까지 이어졌다. 급기야 낭만주의를 지지하는 남자가 총에 맞아 숨지는 사건이 발생했다. 또 권총 한 발이 노트르담 데샹 가에 있는 위고 셋집의 창문을 뚫는, 살인미수 사건이 발생했다. 이 사건으로 인해 겁을 잔뜩 먹은 집주인은 세입자 위고를 내보내기에 이른다.

코미디 프랑세즈는 루브르 박물관 뒤편, 지하철 1호선 '팔레 루아얄 뮤세 드 루브르' 역에서 내리면 코앞이다. 1680년 개관해 지금까지 전통과 명맥을 유지하고 있는 연극전용 국립극장 코미디 프랑세즈는 세

코미디 프랑세즈

계 연극사에서 중요한 위치를 차지한다. 1680년이면 태양왕 루이 14세 치세다. 루이 14세는 《돈주앙》, 《인간 혐오자》 등을 쓴 극작가 몰리에르를 총애했다. 루이 14세의 칙령으로 세워진 게 연극전용 국립극장이다. 개관 초기 극장 레퍼토리가 몰리에르 작품으로 매년 300회 이상 채워졌던 까닭에 '몰리에르의 집'이라는 별명이 붙었다. 지금도 프랑스 배우들은 코미디 프랑세즈 전속배우가 되는 것을 최고의 영예로 여긴다. 프랑스 연극사에서 몰리에르 못지않은 비중을 차지하는 라신의 작품도 코미디 프랑세즈의 단골 레퍼토리가 되었다.

샤를 10세에 대한 시민의 불만과 분노는 극에 달했다. 결국 7월 27일 폭발했다. 7월 혁명이다. 시민들은 가두봉기를 일으켰고, 위고는 가두봉기를 지지하는 쪽에 섰다. 그는 거리에서 시민이 경찰에게 폭행당하는 장면을 목격한다. 그는 즉결 처형될 위기에 처한 젊은이를 구하기도 했다. 시민군은 부르봉 궁전과 루브르 궁전을 차례로 점령하면서 3일 만에 마침내 샤를 10세 정부를 붕괴시켰다. 위고는 〈젊은 프랑스에 바치는 시〉를 써 7월 혁명의 승리를 축하했다. 그러나 새로 왕위에 오른 루이 필립은 남대서양의 세인트헬레나 섬에 묻힌 나폴레옹 1세의 유해를 반환해야 한다는 여론에 반대한다. 위고는 루이 필립의 7월 왕정에 대한 신뢰를 철회했다.

위고는 공사다망했다. 출판사와 계약한 작품을 시한에 맞춰 쓰느라 혁혁대는 와중에 정치활동으로 집에 밤늦게 들어오는 일이 빈번했다. 아델에게 거의 신경을 쓰지 못하는 시간이 점점 많아졌다. 남편이 관심을 갖지 않는 사이 아델은 집에 자주 드나들던 평론가 생트뵈브에게 마음을 주고 만다. 남편은 한동안 아내가 생트뵈브와 사랑에 빠져 있다는 사실을 모른 채 지냈다. 그러던 어느 날 생트뵈브의 고백으로 그 사실을 알게 된다.

남편을 배신한 아내와 친구를 배신한 친구! 분노가 치밀어 올랐지만 위고는 자신이 아델에게 잘못했다는 것을 깨달았다. 그는 아내를 버릴 수 없었고, 친구와의 우정을 끊지도 않았다. 위고는 언행이 일치하는, 실천하는 낭만주의자였다. 개인의 자유의지와 감정을 최대한 존중하는 게 낭만주의 아니던가.

아델의 연인이었던
평론가 생트뵈브

《파리의 노트르담》의 탄생

1831년 1월, 장편소설 《파리의 노트르담》이 세상에 태어난다. 시인으로 데뷔해 희곡작가로 성공한 위고가 새롭게 떠오른 장르인 소설에 뛰어들었다. 위고는 앞서 1829년 출판사와 《파리의 노트르담》을 쓰기로 계약한다. 원고 마감은 1830년 2월 1일. 만일 기한을 넘길 경우 한 달이 지날 때마다 벌금으로 1,000프랑을 출판사에 지불하기로 했다. 그러나 마감일이 다가왔지만 위고는 《파리의 노트르담》을 시작조차 하지 못하고 있었다.

7월 혁명 이후 들어선 루이 필립 정부에 실망하면서 위고는 정치활

소설 《파리의 노트르담》
표지(1831년)

동을 자제했고 시간적 여유가 생겼다. 더 이상 시간을 끌 수 없었다. 《파리의 노트르담》을 써내야 했다. 왜 제목을 《파리의 노트르담》이라고 정했을까. 그는 어느 날 작가적 호기심으로 중세 건축물의 걸작으로 평가받는 노트르담 성당을 탐험하다가 우연히 벽면에 새겨진 글씨를 발견한다. '아냐크(Anaykh),' 라틴어인 이 말은 '가혹한 운명'이라는 뜻. 위고는 왜 노트르담 성당에 '아냐크'라는 말이 쓰여 있을까를 천착하다가 소설 모티브를 포착한다.

그는 스스로를 외부와 완전히 고립시켜야 했다. 모직 뜨개옷 한 벌만 남겨두고 다른 옷은 모조리 옷장에 집어넣고 자물쇠를 잠갔다. 새로 산 잉크 한 병을 책상에 올려놓았다. 모든 준비를 마친 그는 자신을 글 감옥에 가두었다. 그는 밥 먹는 시간만 빼놓고는 문밖으로 나가지 않았다. 그는 글 감옥에 갇혀 장장 5개월 반을 소설에 빠져들었다. 그가 소설의 마지막 줄을 썼을 때 잉크병에는 단 한 방울의 잉크도 남지 않았다.

《파리의 노트르담》은 이렇게 태어났다. 'Norte-Dame de Paris'의 노트르담은 우리의(notre) 부인(madame), 즉 성모(聖母)라는 뜻이다. 노트르담 성당의 꼽추 종지기 콰지모도와 집시여인 에스메랄다의 이뤄질 수 없는 비극적 사랑을 그린 소설이다. 소설의 배경은 1482년 노트르담 성당. 마녀, 주술, 연금술 등이 횡행하던 중세가 배경이다.

파리의 상징은·에펠탑이다. 그렇다면 파리의 역사를 보여주는 건축물은? 그건 두말할 것도 없이 노트르담 성당이다. 1163년에 건설을 시작해 170년 동안 고딕 건축가들과 중세 장인들이 총 동원돼 1334년에 완성된 걸작. 파리의 기원을 보여주는 노트르담 성당은 프랑스 고딕 건축의 최고봉이다.

노트르담의 위치를 눈여겨보자. 센 강 한가운데에 섬 두 개가 떠 있다. 이 중 큰 섬이 '시테 섬'이고, 작은 섬이 '생 루이 섬'. 노트르담은 바로 시테 섬에 있다. 소설의 시대적 배경이 되는 1482년이면, 시테 섬과 그 주변이 파리의 전부인 시절이다. 실제로 소설의 주무대는 노트르담 성당, 성당 앞 광장, 그레브 광장, 그리고 주변 민가이다. 이 중에서 가장 많이 등장하는 곳은 종지기 콰지모도가 거처하는 종탑이다.

노트르담 성당으로 가보자. 지하철 시테 역에서 내려가는 방법도 있지만 대부분의 여행객은 시청역에서 내려 시청 광장을 즐긴 뒤 다리를 건너 노트르담 성당으로 간다.

노트르담 성당의 야경

앞서 말한 대로 파리의 상징은 에펠탑이지만 파리의 역사성을 상징하는 건축물은 노트르담 성당이다. 노트르담 성당이 기억하고 있는 역사적 사건을 몇 개만 들여다보자. 1804년 나폴레옹이 황제로 등극한 장소가 노트르담 성당이다. 1944년 파리 해방 기념 추수감사절 예배가 치러진 곳, 샤를 드골이 눈을 감았을 때 장례식이 치러진 장소도 노트르담 성당이다. 이쯤 되면 프랑스인의 정신세계에 자리잡은 노트르담 성당의 좌표를 미뤄 짐작할 수 있겠다.

노트르담 성당은 여러 가지 이유로 반드시 꼼꼼하게 살펴봐야 한

한여름 밤 노트르담 성
당 광장에서 춤을 추고
있는 집시여인

다. 여기서 나는 두 가지 관점을 제시하고자 한다. 하나는 기독교적 관
점이다. 신실한 기독교인이라면 만사 제쳐놓고 이곳에 와야 한다. 성당
외관과 내부 모두가 기독교적 상징과 기호로 가득 채워져 있기 때문이
다. 노트르담 성당은 모든 것이 다 뛰어난 예술작품이다. 정면에서 천
천히 걸으면서 관찰해 보면 경탄을 금하지 않을 수 없다. 돌 조각 하나
하나에 기독교의 상징과 기호, 은유와 함의가 녹아들어 있다. 기독교
에 대한 기본 지식이 있는 사람이라면 디자인에 숨어 있는 성서의 메시
지와 교감하며 소름 돋는 전율을 경험할 것이다. 그러나 외부 디자인
은 예고편에 불과하다. 무슨 얘기인가. 성당 안에는 성유물(聖遺物)이
보관되어 있다. 그 성유물은 예수 십자가의 일부분과 예수가 썼던 가
시관이다. 더 이상의 설명은 사족이다.

　　다른 하나는 건축사적 이유다. 노트르담 성당은 당대의 고딕 장인들이 건설에 참여했다. 즉 고딕 건축물의 살아 있는 박물관이다. 특히 성당의 측면부를 반드시 눈여겨봐야 한다. 신과 인간의 관계에서 고딕 건축은 건물을 가능한 한 높게 축조해 신에 비해 인간이 얼마나 왜소한 존재인지를 강조하는 데 초점이 맞춰졌다.

송곳처럼 뾰족한 고딕식 첨탑을 생각해 보자. 고딕 건축가들의 공통된 고민은 한 가지였다. 높이의 하중을 어떻게 분산시킬 것인가. 그래서 고안해 낸 것이 플라잉 버트리스(flying butress). 노트르담 성당에 가면 플라잉 버트리스를 실감나게 확인할 수 있다. 건물 측면에 별도의 기둥을 일렬로 세워 높이 솟은 건물의 무게를 분산, 지탱하는 구조다.

노트르담 성당 측면부. 오른쪽에 플라잉 버트리스가 보인다.

위고의 연인들

위고는 《파리의 노트르담》 원고를 탈고한 후 보주 광장의 아파트로 거처를 옮겼다. 그는 이곳에 살면서 이따금씩 '포르트 생마르탱' 극장에 드나들곤 했다. 극장에서는 위고의 신작 희곡 초연이 준비 중이었다.

1833년 1월, 위고는 극장을 찾았다가 주연배우 쥘리에트 드루에와 인사를 나누게 된다. 스물여섯 살의 쥘리에트는 눈부신 미모의 소유자였다. 먼저 불꽃이 튄 쪽은 쥘리에트였다. 쥘리에트는 첫눈에 위고에게 반해 존경과 사랑의 눈빛을 보낸다. 위고는 처음에는 모른 체했지만 이미 그녀에게 마음이 기울고 있었다. 애가 탄 쥘리에트는 모든 자존심을 버리고 작가에게 서신을 전한다.

"오늘 저녁 K부인 집으로 저를 데리러 오세요! 그때까지 참았다가 당신을 사랑할래요. 이따 저녁에 봐요. 아! 오늘 저녁은 정말 특별한 날이 될 거예요. 오늘 저는 당신에게 제 모든 걸 드리겠어요."

여배우 쥘리에트 드루에

미모의 여배우로부터 이런 편지를 받고 흔들리지 않을 위고가 아니었다. 두 사람은 K부인 집에서 뜨거운 사랑을 나누고, 이후 공식 연인이 된다. 두 사람은 연인관계를 애써 감추려 들지도 않았다. 아델도 남편이 젊은 여배우를 사랑하고 있다는 사실을 알았지만 충격을 받지는 않았다. 그녀에게는 생트뵈브가 있었다. 아델은 남편의 연인을 인정했다. 어디까지나 정부로서. 그녀는 남편이 결코 자신과 이혼하고 애인에게 가지는 않으리라는 것을 누구보다 잘 알고 있었다.

위고와 쥘리에트의 관계는 쥘리에트가 사망할 때까지 지속된다. 장장 50년간이나. 이 말이 위고가 쥘리에트만 사랑했다는 뜻일까? 물론 아니다.

1845년 7월 5일 아침, 위고는 간통 현장에서 체포된다. 상대 여자는 화가 프랑수아 비아르의 부인 레오니 비아르였다. 프랑수아의 고소로 두 사람은 간통현행범으로 체포되었지만 레오니만 감옥에 갇히고 만다. 경찰은 귀족원 의원인 위고를 어찌하지 못한다. 여기서

위고와 스캔들을 일으켰던 유부녀 레오니 비아르

궁금증이 생긴다. 언제 레오니는 위고의 연인이 되었을까. 위고는 1841년부터 레오니에게 마음이 흔들렸다. 우아한 외모와 더불어 자상한 마음씨에 반해버렸다. 흥미로운 사실은 두 사람이 간통범으로 체포되기 전까지 아델이나 쥘리에트도 위고의 새로운 애인에 대해 전혀 눈치 채지 못했다는 점이다.

두 사람의 스캔들은 프랑스 신문을 뒤덮었다. 부인과 공식 애인을 둔 문단의 최고 권력자이자 귀족원 의원이 유부녀와 불륜을 저지르다 들켰으니 이보다 더 흥미진진할 수 있을까. 오죽하면 적대적인 루이 필립 왕까지 나서서 그에게 잠잠해질 때까지 외국에 나가 있으라고 권유했을까. 몇 달 뒤 비아르가 소를 취하하면서 레오니는 감옥에서 풀려난다. 그런데 두 사람의 관계는 시련을 겪고 나서 더 가까워진다. 이제 공식 애인이 두 명으로 늘었다. 그렇다고 가정을 포기한 것도 아니었다.

정력적인 남자 위고의 하루를 시간표로 나눠보자. 아침 시간은 언제나 그래왔듯 집필의 시간이다. 오전에는 맑은 정신으로 《레미제라블》

위고 캐리커처

을 쓴다. 점심식사는 언제나 가족과 함께 한다. 점심식사가 끝나면 공적인 활동을 시작한다. 아카데미 프랑세즈 회원이자 귀족원 의원으로 이것저것 처리해야 할 일이 많다.

저녁식사 시간이 되면 집으로 돌아와 가족과 함께한다. 이후는 완벽한 자유시간이다. 초대받은 곳에 들렀다가 쥘리에트나 레오니에게 들러 시간을 보낸다. 잠은 언제나 쥘리에트 집에서 잔다. 물론 여기에는 비공식 애인들과의 '파트타임 러브'는 포함되지 않았다. 그것까지 포함한다면 위고의 24시간이 얼마나 바빴을지 미뤄 짐작할 수 있다.

나폴레옹에 전율하다

유럽사(史)는 나폴레옹 이전과 이후로 나뉜다. 나폴레옹 전쟁이 휩쓸고 지나간 이후 유럽 대륙의 국가들은 비로소 민족주의에 눈을 떴다. 나폴레옹의 출현은 당대는 물론 후대의 문화예술에도 심대한 영향을 끼쳤다. 합스부르크 제국의 천년 수도 빈에 살던 베토벤은 나폴레옹에 감동해 그에 대한 존경의 의미를 담아 교향곡 3번 〈에로이카〉를 작곡했다.

1840년 12월, 마침내 나폴레옹의 유해가 남대서양 세인트헬레나 섬에서 파리로 봉환되었다. 나폴레옹이 숨진 지 19년 만에, 센 강 옆에 묻히고 싶다는 그의 유언이 받아들여졌다. 나폴레옹의 유해는 앵발리드 기념관에 안치되었다. 위고와 쥘리에트는 앵발리드 기념관 앞에서 치러진 유해 안장식을 참관하며 영웅의 귀환에 감격의 눈물을 흘린다.

앵발리드로 길을 잡아보자. 프랑스에 와서, 아니 파리에 와서 나폴레옹을 만나지 않고 간다는 것은, 세계사를 바꿔놓은 위대한 영웅을 호흡하는 기회를 걷어차는 것과 다름없다. 앵발리드로 가는 길은 여러 방법이 있다. 나는 일부러, 거리가 멀지만 8호선 앵발리드 역을 선택했다. 멀리서, 원근법으로 서서히 다가가며 앵발리드를 입체적으로 느끼고 싶었다.

앵발리드는 애초 군인병원으로 출발했다. 프랑스 역사상 가장 영화로웠던 태양왕 루이 14세는 통치술에 정통했다. 그는 전쟁에 나가 부상을 입은 군인들을 국가가 최고로 예우해 줘야 한다는 것을 누구보다 잘 알았다. 그래서 보훈병원으로 세운 게 앵발리드였다.

앵발리드 전경

멀리서 보면 보훈병원 위에 황금빛 돔이 얹혀 있는 것처럼 보인다. 앵발리드 정원을 걸어 보훈병원 정문으로 들어간다. 정원에 17~18세기에 사용된 야포(野砲)들이 배치되어 있었다. 태양왕 시대의 전쟁들을 상기시켰다.

첫 번째 건물은 군사박물관이다. 나는 멀리서 군사박물관을 보며 서울 종묘에 있는 정전(正殿)을 연상했다. 외국 건축가들이 찬미하는 게 종묘의 정전이다. 군사박물관은 석기시대부터 2차 세계대전까지의 전쟁과 군대의 역사를 보여준다. 무기와 전쟁에 관심이 많은 사람이라면 하루 종일 시간을 보내도 모자랄 정도로 전시물이 풍부하다.

군사박물관을 지나야 보훈병원이 나온다. 보훈병원은 17세기부터 지금까지 여전히 보훈병원으로 기능한다. 국가의 부름을 받고 전장에 나가 부상을 입은 이에 대해 프랑스 정부가 최상의 예우를 하고 있다는 게 느껴진다.

앵발리드의 황금빛 돔　　　기나긴 회랑을 지나 나폴레옹이 영면하고 있는 '돔 데 앵발리드'로

간다. 우리는 보통 이곳을 줄여서 '앵발리드'라 부른다. 입장료로 9유로를 내고 앵발리드로 들어간다. 나폴레옹의 관은 지하실에 있다. 지하실은 열린 공간이어서 지하실 정중앙에 놓인 관이 1층에서도 내려다보인다. 나폴레옹의 이상과 야망을 느끼며 전율하고 싶다면 지하실로 내려가야 한다. 지하실은, 카타콤인데 카타콤 같지가 않다. 정중앙이 뻥 뚫려서 그럴 것이다. 카타콤 정중앙에 나폴레옹 관이 놓여 있고, 빙 둘러 복도를 설치했다. 360도로 나폴레옹 관을 관찰할 수 있게 했다. 나는 가만히 나폴레옹의 관

나폴레옹의 묘

을 응시했다. 가슴 저편에서 서늘하고 힘찬 어떤 기운이 서서히 차오르는 것 같았다. 가슴 벅찬 이 기운의 정체는 무엇일까. 그간 숱한 천재들의 묘를 만났지만 이런 기운을 느낀 것은 처음이었다. 물론 원형 복도 안쪽에는 또 다른 위인들의 묘를 배치했지만 이들은 나폴레옹의 위세에 눌려 크게 주목받지 못한다.

1841년 위고는 마침내 아카데미 프랑세즈 회원에 선출되어 입회 연설을 한다. 나폴레옹을 찬미한 유명한 연설 한 토막을 음미해 보자.

"이 세기가 시작될 무렵 프랑스는 다른 국가들의 시선을 한몸에 받았습니다. 한 인물이 당시 프랑스를 가득 채웠고, 프랑스를 위해 한 나라로 만들어, 프랑스는 유럽을 가득 채웠습니다. 세상에 나온 이 사람은, 어느 가난하고 선량한 코르시카 사람의 아들로 두 공화국을 세웠

습니다. 그의 가족을 통해 플로랑스 공화국을 세우고, 자신의 힘으로 프랑스 공화국을 세운 그는 짧은 기간에 세계 역사를 깜짝 놀라게 하며 절대적 권력에 이르렀습니다. (……) 혁명이 그를 낳았고, 민중이 그를 선택했으며, 교황이 그에게 왕관을 씌웠습니다. (……) 그는 4,400만 프랑스인의 군주였고, 1억 유럽인들의 수호자였습니다. (……) 그는 참으로 경이로운 인물이었습니다."

위고는 루이 필립의 7월 왕정과는 거리를 뒀지만 그의 아들 오를레앙 공작과는 친교를 유지했다. 오를레앙 공작 부부가 위고의 작품을 높이 평가한 게 결정적인 이유였다. 그러던 1842년 오를레앙 공작이 급서한 이후로는 7월 왕정에 대한 반감을 누그러뜨린다. 그는 정치에 참여하면서 모든 사람을 위한 보편 교육만이 민주제를 가능하게 한다고 보았고, 빈곤과 착취의 주요 희생자인 여성과 어린이를 위한 보호정책이 필요하다고 생각했다.

1848년 혁명의 불길이 유럽 대륙을 휩쓸었다. 혁명의 불꽃이 가장 먼저 점화된 곳은 프랑스 파리였다. 혁명이 일어나자 루이 필립 왕은 왕위에서 물러난다. 이어 남자들만이 참여하는 총선거가 치러지고 제2공화국이 탄생한다. 위고는 무소속으로 국회의원에 출마해 당선된다. 이어 대통령 선거가 실시되었고 나폴레옹 1세의 조카인 루이 나폴레옹 보나파르트가 대선에 나선다. 자유를 보장하며 정의를 바로세우겠다는 루이 나폴레옹 보나파르트의 공약을 믿고 위고는 그를 지지한다. 그러나 대통령에 당선된 루이 보나파르트 나폴레옹은 돌변해 언론 자유를 제한하는 등 각종 억압 정책을 펼친다. 1851년 12월 2일에는 쿠데타를 일으켜 의회를 해산하고 중앙집권적 독재체재를 옹립한다. 그리고 스스로 황제에 올라 나폴레옹 3세로 칭한다. 배신감을 느낀 위고는 쿠데타를 비난하는 연설을 한다.

"제군들이여! 한 사람이 막 의회를 무너뜨렸습니다. 그는 스스로 국민에게 했던 서약을 깨뜨리고, 법을 없애고, 권리를 억압하고, 파리를 피로 물들이고, 프랑스를 속박하고, 공화국을 배반했습니다. 제군들이여! 그 자는 여러분을 범죄로 몰아넣고 있습니다. (……) 여러분을 바른 길에서 벗어나게 만드는 저 불행한 자를 더 이상 따르지 마십시오. 프랑스군은 그와 같은 범죄에 공모자가 아닌 응징자가 되어야 합니다. 저 범죄자를 법에 인도하십시오. 제군들이여! 저 자는 가짜 나폴레옹입니다. (……) 제군들이여! 프랑스 군대는 인류를 수호하는 전위대입니다."

자신의 작품 위에 앉아 프랑스 국립극장과 아카데미 프랑세즈 위에 발을 올려놓고 있는 위고. 방자맹 루보의 캐리커처 〈소란〉, 1841

독재자로 변신한 나폴레옹 3세는 반대파에 대한 탄압을 시작했다. 경찰에 쫓기는 신세가 된 위고는 인쇄공으로 변장해 가까스로 벨기에로 피신하는 데 성공한다. 브뤼셀에 은신처를 구한 그는 차례로 부인과 연인을 불러들인다. 이것이 19년간의 긴 망명의 시작이었다.

19년간의 망명생활

위고의 망명은 나폴레옹 3세에게 정치적 부담이었다. 나폴레옹 3세는 작가를 회유할 목적으로 아들 프랑수아를 석방하는 유화조치를 취한다. 위고는 사사로운 감정에 대의를 꺾는 사람이 아니었다. 그는 나폴레옹 3세를 조롱하는 글 '꼬마 나폴레옹(Napoléon-le-Petit)'을 발표한다. 상황이 이렇게 굴러가자 약소국인 벨기에가 난감해졌다. 위고의

저지 섬 망명 시절의
위고

망명을 허락한 것이 행여나 나폴레옹 3세의 심기를
건드리는 것은 아닐까 염려해서였다. 어쩔 수 없이
벨기에는 작가에게 벨기에를 떠나줄 것을 간곡히
요청한다.

위고는 영국의 저지 섬으로 가기로 한다. 1852년
8월 1일, 그가 저지 섬으로 떠나는 여객선에 오르자
수많은 시민들이 선착장에서 그를 환송했다. 저지
섬은 프랑스 노르망디 해안에 자리잡은 영국 왕실
령(領)이다. 지리적으로 보면 프랑스와 훨씬 가깝지
만 영국 왕실 소유이므로 신변이 보장되는 공간이
었다. 이런 이유로 저지 섬은 오래 전부터 유럽 대륙 반체제 인사들의
피난처였다. 위고는 프랑스 해안이 보이는 곳에 거처를 마련했다. 쥘리
에트에게는 가까운 곳에 전원주택을 얻어주었다. 틈틈이 나폴레옹 3세
를 비판하는 글을 프랑스 신문에 발표했다.

영국이 위고에게 저지 섬 입국을 허용했다고 해서 위고가 영국과 사
이가 좋았던 것은 아니다. 위고는 영국에서 시행되고 있는 사형제를 비
판했고, 빅토리아 여왕이 '꼬마 나폴레옹'을 찾아가 머리를 조아렸다고
조롱했다. 이것이 영국 왕실을 자극했고, 결국 그는 저지 섬에서도 있
을 수 없게 됐다.

1855년 위고는 다시 게르네지(Guernesey) 섬으로 간다. 게르네지 시
절 위고는 틈틈이 데생과 그림에 매달려 수백 점의 데생 작품을 남겼
다. 그는 오트빌하우스를 빌려 거처로 삼았다. 쥘리에트에게는 늘 그
래왔듯 걸어서 오갈 수 있는 곳에 집을 마련해 주었다.

위고는 섬에 머물며 1848년 이후 중단했던 《레미제라블》을 다시 쓰
기 시작했다. 망명생활이 길어질수록 독자들은 그의 작품을 더 많이

게르네지 섬의
오트빌하우스

소비했다. 그는 이제 인세 수입으로 부자가 되었다. 이 시기에 아내 아
델은 런던으로 가 지낸다. 아델은 런던에 머물며 회고록 집필에 몰두
했다.

위고는 1861년 6월 30일 한 시인에게 이런 편지를 썼다.

"오늘 아침 8시 30분 창문 너머 비쳐드는 아침 햇살을 받으며 나는
《레미제라블》을 끝냈다네. 이젠 죽어도 좋아."

《레미제라블》은 1862년에 출간되자마자 공전의 히트를 기록한다.
《레미제라블》로 인해 위고는 마침내 불멸의 이름을 얻는다.

비슷한 시기 아델은 런던에서 《생의 동반자가 얘기하는 빅토르 위
고》를 펴낸다. 10대부터 50년 가까이 지켜본 빅토르 위고 이야기! 오로
지 아델만이 쓸 수 있는 은밀하고 내밀한 이야기였다. 이 책은 이후 나
오게 되는 모든 위고 전기와 평전의 1차 원전(原典)이 된다.

게르네지 섬에서 찍은
위고 가족사진

위고는 그의 말대로 "이젠 죽어도 좋아"라고 할 만큼 모든 걸 이룬 상태였다. 사생활에서도 더 이상 바랄 게 없었다. 호사다마라고 했던가. 자식들에게 불행이 잇따랐다. 어떤 청년을 사랑하게 된 딸 아델 위고가 사랑을 거절당하자 그만 정신 이상 증세를 보인다. 딸은 청년의 스토커가 되어 이곳저곳을 헤매다 결국 정신병원에 수감된다. 아들 샤를은 1867년 첫 아이 조르주를 낳지만 아이는 겨우 일 년을 살고 뇌막염으로 부모 가슴에 묻힌다. 이듬해 두 번째 아이가 태어났지만 기쁨도 잠깐. 일주일 뒤 또 다른 슬픔이 그를 덮친다. 아델이 뇌졸중으로 쓰러져 위고의 품에 안겨 눈을 감았다. 첫사랑이자 조강지처이자 생애 동반자로 곁을 지켰던 아델! 법적 부인의 자리가 공석이 되자 자연스럽게 쥘리에트가 그 자리를 대신했다.

《레미제라블》의 현장들

《레미제라블》을 영화로 본 사람들은 이 소설의 주요 무대가 파리라고 생각한다. 시가전 장면이 파리이고, 장발장과 코제트가 자베르의 추적을 피해 도망치는 공간이 주로 파리이기 때문이다. 《레미제라블》

의 무대는 프랑스 전역이다. 코르시카 섬이 보이는 지중해 연안의 항구도시 툴롱에서부터 도버해협에 면한 '몽트뢰유-쉬르-메르'까지 프랑스 전역을 망라한다.

《레미제라블》에 등장하는 첫 장소는 디뉴. 어느 날 디뉴

에 걸인 행색의 이방인이 나타난다. 바로 장발장이다. 그가 새벽에 주교 방에 있는 은식기를 훔쳐 달아나다 순찰하던 헌병에 붙잡혀 다시 돌아오는 장면이 바로 디뉴에서 전개된다. 미리엘 주교는 장발장에게 왜 돈이 나가는 은촛대는 가져가지 않았느냐며 은촛대까지 챙겨 보낸다. 그러면서 사색이 된 장발장에게 이렇게 말한다.

"장발장, 내 형제여, 그대는 더 이상 악에 속하지 않으며 선에 속하는 사람이오. 나는 그대의 영혼을 산 것이오. 내가 그대의 영혼을 어두운 사념들과 타락한 마음으로부터 건져내어, 신께 바치리다."

장발장은 몇 년 뒤 도버해협에 면한 항구도시 몽트뢰유에 등장한다. 마들렌이라는 가명으로. 장발장은 유리세공업에 뛰어들어 신기술을 개발해 사업에 크게 성공한다. 그는 재력으로 선행을 베풀어 시장이 된다. 그러나 어떤 사건에 휘말려 투옥되어 종신 강제노역형을 받고 다시 툴롱 도형장으로 끌려간다.

1823년 11월 16일, 장발장은 툴롱 군항에 정박 중인 군함에서 작업 중 실수로 바다에 추락한 선원을 구한다. 그리고 자신은 익사한 것처럼 가장해 탈출한다. 같은 해 크리스마스에 장발장은 파리와 인접한 소도시 몽페르메유에 나타난다. 장발장은 숲속 샘터에서 우연히 가련

한 고아 코제트를 만났고, 다음날 코제트를 데리고 파리 진입을 시도한다. 대도시 파리가 신분을 숨기고 익명으로 살기에 유리하다고 판단한 것이다. 파리에 성곽이 둘러쳐져 있을 때다.

독자들은 다음 장면을 기억한다. 장발장은 신분을 확인하는 시문(市門)인 성문을 통해서는 파리로 들어갈 수가 없다. 하지만 자베르의 추격은 턱밑까지 다가왔다. 더 이상 도망갈 곳이 없다. 성벽을 넘느냐, 아니면 그대로 붙잡히느냐? 그 순간 장발장은 가로등 등불을 매어두는 밧줄을 잘라 코제트의 몸에 묶고는 밧줄을 입에 물고 먼저 성벽에 오른 뒤 코제트를 끌어올렸다. 자베르는 눈앞에서 장발장을 놓쳐버렸다. 장발장과 코제트는 수년간 수녀원에 은신한다.

미혼모의 딸로 태어나 부정(父情)을 느껴보지 못한 채 성장했고, 협잡꾼 부부에게 맡겨져 5년간 착취와 학대의 공포에 시달려온 코제트. 그리고 한 번도 따뜻한 가족의 정을 느껴본 적이 없고, 누군가에게 한 번도 사랑을 준 적도 없는 장발장. 두 사람은 오피탈 대로의 초라한 집에서 '위장 부녀'로 지낸다. 두 사람은 평범한 파리 시민처럼 뤽상부르 공원에서 자주 산책을 즐겼다. 장발장과 코제트는 파리 곳곳에 등장

뤽상부르 공원

하는데, 그때마다 자베르가 불쑥불쑥 틈입해 평화를 깨뜨린다.

장발장 부녀가 자주 찾던 뤽상부르 공원으로 가보자. 4호선 오데옹 역에서 내리면 된다. 공원 정문으로 들어서니 굵은 모래가 섞인 흙길 양옆에 마로니에 나무들이 도열해 그늘을 드리우고 있었다. 마로니에 나무 아래에는 철제 벤치가 일정한 간격으로 놓여 있는 게 보였다. 걸어가는데 자박자박 모래 밟히는 소리가 난다.

위고는 왜 장발장의 행복했던 시간을 묘사하면서 뤽상부르 공원을 등장시켰을까. 파리에는 다른 아름다운 공원도 많은데. 나는 위고가 어린 시절을 보낸 푀이앙틴 거리를 가본 후 그 이유를 미뤄 짐작할 수 있었다. 푀

뤽상부르 정원의
메디치 분수

이앙틴 거리에서 뤽상부르 정원은 매우 가깝다. 뤽상부르 정원은 꿈같은 유년기의 한복판에 자리하고 있었기 때문이 아닐까.

뤽상부르 정원에서 반드시 가봐야 할 곳은 메디치 분수다. 뤽상부르 정원은 이탈리아 플로렌스에서 부르봉 왕조의 앙리 4세에게 시집온 메디치 왕비를 빼놓고는 설명이 불가능하다. 1620년 남편 앙리 4세가 암살되자 메디치 왕비는 고독과 우울로 괴로운 나날을 보냈다. 왕실은 왕비의 건강을 염려해 왕비의 고향 플로렌스를 떠올리게 하는 분수를 바로크 스타일로 지었다. 왕비는 연못에서 금붕어들이 한가롭게 유영

하는 모습을 보면서 향수를 달래곤 했다. 현재 프랑스 상원 건물로 쓰이는 뤽상부르 궁전 역시 메디치 왕비를 위해 지어졌다.

소설에서 장발장과 코제트가 산책한 곳으로 묘사된 곳은 어디일까? 뤽상부르 정원 구석구석 다녀본 경험으로는 메디치 분수와 궁전 사이의 산책길이 아닐까 추측해 본다. 메디치 분수 뒤쪽, 담장 너머로는 자동차가 달리는 메디치 거리가 있다. 그런데도 담장 안쪽, 메디치 분수와 궁전 사이는 고요한 정적이 흘렀다. 깔끔하게 정돈된 풀밭 한가운데에는 레지스탕스 기념 조형물이 놓여 있다. 화창한 날 오전 이곳을 찾는다면 잔디밭 둘레에 화가들이 이젤을 세워놓고 그림을 그리는 평화로운 광경을 목격할 수도 있다.

뮤지컬 영화 〈레미제라블〉을 본 사람이라면 바리케이드 전투 장면과 막다른 골목길에서 자베르를 즉결처형하지 않고 살려주는 장면이 기억에 남을 수도 있다. 소설 속에서 바리케이드가 쳐진 곳은 몽데투르 골목길이다. '레 알' 역에서 아주 가깝다. 혹자는 죽었다고 생각했던

뤽상부르 궁전

목숨을 구한 자베르 경감이 거리를 방황하다 센 강으로 뛰어내리는 장면을 기억할 수도 있다. 그 다리는 샹주(Change) 교다. 노트르담 성당에서 10분 거리에 있다. 도시 인프라에 관심이 있는 사람이라면, 장발장이 총에 맞은 마리우스를 업고 파리의 하수도를 통해 안전한 곳을 찾아가는 장면이 뇌리에 남을지도 모르겠다. 파리는 현재와 같은 하수도망을 이미 1830년대에 완성했으며, 일부 구간을 관광상품으로 만들었다.

빅토르 위고 박물관

지하철 1호선을 타고 바스티유 역에 내린다. 5호선과 8호선도 바스티유 역을 지난다. 생앙투안 길을 걷다가 네 번째 골목길로 꺾어든다. 위고 박물관과 보주 광장이라는 이정표가 있으니 놓치기도 어렵다.

이 골목길을 100여 미터 걷다 보면 갑자기 드넓은 낯선 풍경이 펼쳐진다. 보주 광장이다. 보주 광장에 서서 주위를 둘러보니 사면이 갈색 벽돌로 둘러싸여 있다. 정사각형 광장 중심에 있는 원형 정원이 루이 13세 광장이다. 누가 봐도 광장을 에워싼 건축물들이 예사롭지 않다는 걸 알 수 있다. 1789년 프랑스 대혁명 이전, 그러니까 14세기부터 하나씩 세워진 건축물들이다.

보주 광장 6번지가 바로 위고가 살던 집이다. 굳이 번지수를 따라가지 않아도 찾기가 쉽다. 프랑스 국기가 펄럭이는 곳만 찾으면 된다. 위고는 《파리의 노트르담》을 끝내고 1832년 이곳으로 이사해 1848년까지 이 아파트 3층에 살았다. 6번지에는 '빅토르 위고의 집'이라는 금박 플라크가 붙어 있다. 9유로의 입장료를 내고 들어간다. 위고 박물관은

보주 광장의 아파트. 위고가 살던 집은 왼쪽 끝에 있다.

2~3층에 꾸며졌다.

　　2층에는 19년간의 망명생활을 엿볼 수 있는 진귀한 자료들이 전시되어 있다. 무엇보다 관람객들을 놀라게 하는 것은 위고의 드로잉 실력이다. 위고는 드로잉과 연필로 게르네지 섬 망명생활 중 보고 느낀 것을 그렸다. 연인 쥘리에트 드루에 그림부터 해골 그림까지 발길을 움직이지 못하게 하는 작품들이 많다. 그러나 진짜 위고의 체취를 느낄 수 있는 공간은 3층이니 2층에서 힘을 다 빼지는 말자.

　　3층으로 올라간다. 3층 아파트 현관 입구에 'Victor Hugo'라는 오래된 문패가 보인다. 순간, 2층을 둘러보느라 지쳤던 발걸음에 긴장감이 돈다. 3층 아파트에는 방이 5개 있다. 당시 거실로 쓰인 첫 번째 방은 마치 작은 화랑에 온 것처럼 꾸며놓았다. 위고 초상화, 위고 흉상 조각, 아델 부인의 초상 등이 이 공간의 주인공들에 대한 집중과 몰입을 요구한다. 나의 눈길을 사로잡은 것은 소설 《파리의 노트르담》을 소재로 한 그림이었다. 이 작품은 소설의 모티브를 제공한 '비참한 운명'이라는 메시지를 선명하게 전달했다.

집필실인 세 번째 방에 들어가면 입이 다물어지지 않는다. 집필실을 감싸고 있는 것은 뜻밖에도 중국 풍(風)과 중국 향(香)이었다. 그 향과 풍이 너무 강해서 내가 지금 위고가 작품을 쓰던 방에 온 게 맞나 싶을 정도였다. 사방이 온통 중국식 미술작품으로 들어차 있다. 등, 병풍, 거울, 도자기 등이 모두 중국제다. 시대를 특정하면, 청나라 시대의 작품들이다. 병풍에는 변발의 만주족 남자가 보였다.

벽면을 가만히 들여다보니 드문드문 'VH'라는 이니셜이 보였다. 'VH'는 빅토르 위고의 낙관이다. 위고 본인이 직접 제작했다는 뜻이다. 위고는 중국풍에 매료된 나머지 자신이 직접 나무 병풍 등을 제작했고, 거기에 이름을 새겨놓았다. 자세히 관찰해 보니 'VH'가 들어간 작품은 다른 것들과는 완성도 면에서 미세한 차이가 있었다.

작가의 집필실에서 가장 중요한 집기는 책상이다. 19세기 위대한 문호의 책상을 대면하는 이 특별한 떨림과 설렘! 우리는 이미 《페테르부르크가 사랑한 천재들》에서 푸슈킨과 도스토예프스키의 책상을 확인한 경험이 있다.

그런데, 뜻밖이었다. 위고의 책상은 작았다. 커피전문점의 일인용 테이블보다 약간 더 큰 정도라고 할까. 푸슈킨과 도스토예프스키의 그것과는 비교가 되지 않았다. 사각형 책상에는 펜, 촛대, 잉크병, 라이터 등이 놓여 있다. 위고의 책상에서 가장 눈길을 사로잡은 것은 책상 위에 새겨진 이름이었다. 위고는 책상의 4방위에 빅토르 위고, 조르주 상드, 라마르탱, 알렉상드르 뒤마 4인의 이름을 금속으로 새겨 자개처럼

위 **보주 광장의 위고 아파트의 플라크**
아래 **보주 광장의 위고 집의 플라크**

왼쪽 첫번째 **위고의 스케치**
왼쪽 두번째 **위고가 직접 제작한 중국식 병풍**
왼쪽 세번째 **위고의 육필 원고와 손 조각상**
왼쪽 네번째 **위고의 영면 모습**

오른쪽 위 **로댕의 위고 흉상**
오른쪽 아래 **아들과 함께**

위고 집필실의 책상

박았다. 위고가 특별 주문한 책상 같았다. 조르주 상드는 잘 알려진 것처럼 위고와 동시대를 살았던 남장 여류 소설가로, 쇼팽의 연인으로도 유명하다. 라마르텡은 프랑스의 낭만파 시인이며, 알렉상드르 뒤마는 소설《몽테크리스토 백작》과《삼총사》의 작가다. 위고는 동시대를 산 세 작가에 대한 존경을 이렇게 표현한 것일까?

거인, 83세에 눈감다

1871년 위고는 19년간의 긴 망명생활을 끝내고 파리로 돌아온다. 프랑스가 프로이센과 벌인 전쟁, 즉 보불전쟁(70년 전쟁)에서 패배하고 나폴레옹 3세는 프로이센의 포로가 된다. 제2제정이 막을 내리고 공화국이 선포되었지만 프로이센 군대는 거침없이 파리에 입성한다.

위고는 다시 국회의원에 당선되었다. 공화국 정부는 프로이센의 비스마르크와 평화협정 체결을 희망했지만 위고는 이에 반대하는 입장을 밝혔다. 1871년 3월 8일 위고는 평화협정에 반대하는 뜻으로 의원직을 사퇴한다.

정국은 또다시 소용돌이쳤다. 제2제정이 막을 내리자 공산주의자들인 파리 코뮌(Commune)이 반란을 일으켰다. 2개월간 파리 코뮌이 정부군과 시가전을 벌이는 과정에서 2만여 명이 사망했다. 살아남은 코뮌은 몽마르트 언덕으로 올라가 최후 결전을 벌였지만 결국 몰사하고 만다. 누구나 코뮌의 봉기가 실패로 끝날 것이라고 예상했다. 위고는 코뮌 봉기 가담자들에 대한 사면을 촉구했지만 울림 없는 메아리였다.

파리 코뮌이 일어나기 전인 3월, 아들 샤를이 뇌졸중으로 쓰러져 아버지 가슴에 묻혔다. 죽음의 그림자가 그의 주변을 맴돌며 사랑하는

말년의 위고와 손주들

이들을 하나씩 앗아갔다. 가정적으로나 정치적으로나 파리에서는 어떤 희망도 발견할 수 없었다. 위고는 1872년 쥘리에트, 아들 프랑수아와 손주들을 데리고 게르네지 섬으로 간다. 폐결핵을 앓는 프랑수아가 요양하기에도 좋은 환경이었다.

위고는 일흔이었지만 여전히 성적 능력이 왕성했다. 하지만 쥘리에트는 더 이상 그의 욕망을 채워주지 못했다. 밤이 되면 늙은 시인은 쥘리에트의 눈을 피해 젊은 하녀 블랑슈 랑뱅을 침대로 불러들였다.

프랑수아의 폐결핵이 악화되자 위고 일가는 다시 파리로 돌아갔다. 쥘리에트는 파리

로 돌아와서야 게르네지 섬에서의 위고와 하녀의 관계를 알게 된다. 또 한 번 배신감을 느낀 쥘리에트는 집을 나간다. 위고는 쥘리에트에게 사랑의 맹세를 하는 편지를 쓴다.

말년의 쥘리에트 드루에

"내 사랑, 어젯밤 너무도 슬퍼 한잠도 자지 못했소. 우리 사이에 무언가 아니면 누군가 있는 것 같소. 하지만 분명 내 쪽은 아니라는 걸 확신하오. 어제 저녁, 당신이 내게 질문을 하나 했었지. 그 때문에 이렇게 편지를 쓰오. 이 땅에서 내가 당신보다 사랑하는 사람이 있다면 난 앞으로 내 딸도 당신도 결코 보지 않겠소. 내 이름을 걸고 맹세하오. 답장해 주오. 나와 같은 맹세를 해주오. 그래야 잠을 잘 수 있을 것 같소. 사랑하오."(1872년 6월 13일)

결국 쥘리에트는 남편의 사랑의 맹세를 또 한 번 믿기로 하고 집으로 돌아온다. 1873년 아들 프랑수아가 결핵균에 무릎을 꿇었다. 시인은 절망한다. 벌써 몇 번째 자식을 가슴에 묻은 것인가.

70대 후반에 들어 시인은 쇠잔해지는 게 역력했다. 이를 가장 가슴 아파한 이는 쥘리에트였다. 일흔여섯에 찾아온 뇌출혈로 인해 절륜의 시인은 불의에 분노할 힘조차 없었다.

위고가 말년에 거처한 곳은 에일로 가였다. 1882년 2월 26일, 아침이 밝았다. 그런데 아파트 창밖 에일로 거리가 소란스러웠다. 에일로 가 아파트 창문 아래에 군중이 몰려와 위고의 이름을 외쳤다. 이날은 위고의 80번째 생일이었다. 시민들이 시인의 80세 생일을 축하하려 모여든 것이다. 80세 생일이 얼마 지나지 않아 파리 시는 에일로 가를 '빅토르 위고 애비뉴'로 명명한다.

쥘리에트에게도 죽음의 그림자가 어른거렸다. 위암이 기습했다. 암 투병을 하면서도 그녀는 위고의 건강을 더 염려했다. 쥘리에트가 1882년 7월 11일에 위고에게 보낸 편지를 읽어보면 눈시울이 뜨거워진다.

"사랑하는 당신, 방금 곤히 잠든 당신을 놓아두고 나왔어요. 하지만 당신이 깊은 잠을 잘 수 있을지 모르겠군요. 난 악몽 같은 밤을 보냈지만 당신만큼은 좋은 밤을 보냈기를, 그것이 내가 바라는 전부랍니다. 언제, 어떻게 끝나게 될지 모르지만 나는 나날이 점점 더 고통받고, 시시각각 쇠약해지고 있

쥘리에트 드루에가
위고에게 쓴 편지

어요. (……) 너무도 사랑하는 당신, 당신에게 마지막 말을 쓰기 전에 뭔가 즐거운 말을 하고 싶어요. 하지만 이 말밖에 생각나지 않는군요. 당신을 좋아하고, 당신을 존경하고, 당신을 숭배하고, 그리고 당신을 끔찍이 사랑합니다."

이런 간절함도 통하지 않았다. 쥘리에트는 1883년 5월, 암세포에 무릎을 꿇는다. 시간이 얼마 남지 않았다는 것을 절감한 위고는 정신이 온전할 때 주변을 정리하기 시작한다. 재산을 두 손자 조르주와 장에게 물려준다는 유언장을 작성했고, 딸 아델이 연금을 받을 수 있게 했다. 또 현금 5만 프랑을 파리의 빈곤층에게 기부한다. 그가 갖고 있는 육필 원고들은 모두 프랑스 국립도서관에 기증했다. 1885년 5월 22일 위고는 패울혈로 사망한다. 눈을 감기 직전, 그가 남긴 마지막 말이다.

"빛이 보여. 바로 여기서 낮과 밤의 싸움이 일어나고 있군."

장례식은 6월 1일 프랑스 국장으로 치러진다. 200만 명이 넘는 사람들이 '빅토르 위고' 대로의 집에 운집했다. 시민들은 위고의 장례 행렬을 따라 장지까지 갔다. 위고의 관은 개선문 아래를 지나 팡테옹에 안장되었다.

위고, 개선문을 통과하다

위고의 장례는 역사적 사건이었다. 그날 아침 장례 행렬을 따라가 본다. 프랑스 정부가 국왕이나 대통령이 아닌 인물을 국장(國葬)으로 장례를 거행한 것은 위고가 유일하다. 그의 장례식은 몇 장의 흑백 사진으로 남아 있다.

먼저 꽃으로 장식한 거대한 상여가 꾸며졌다. 상여의 정면에 빅토르 위고의 앞 글자를 따 'VH'라고 표기했다. 'VH'는 위고가 자신의 원고나 작품에 남긴 서명. 상여가 아파트 앞에서 천천히 움직이기 시작했다.

2호선을 타고 '빅토르 위고' 역에서 내린다. 역사를 나오면 교차로 겸 광장이 보인다. '빅토르 위고' 광장이다. 운구 행렬은 위고 광장을 출발해 개선문을 향해 천천히 움직였다. 유가족, 문인, 정부 고위급 인사들 순으로 앞에 섰고, 시민들이 그 뒤를 따랐다. 시민들은 마치 부모의 장례를 따르는 사람들처럼 흐느꼈다. 시간이 갈수록 장례 행렬은 계속 불어났다. 시민들은 꽃송이나 화환을 든 채 침묵으로 장례 행렬의 뒤를 따랐다.

마침내 운구차가 개선문 앞에 이르렀다. 개선문은 누구나 볼 수 있고 또 입장료만 내면 올라갈 수 있다. 그러나 개선문 아래를 통과하는 건 다르다. 결코 아무나 할 수 있는 일이 아니다. 이날 위고의 운구차

위 위고 광장
아래 위고 광장과
위고 대로 이정표

가 개선문을 통과했다. 운구차가 거대하다 보니 개선문을 간신히 통과했을 정도였다.

개선문을 다시 가보자. 여러 번 보았지만 이번에는 '위고의 개선문'을 다시 보고 싶었다. 프랑스의 정신과 이상이 응축된 조형물이 개선문이다. 개선문과 연결된 역은 '샤를 드골 에투알'. 개선문 앞에 서서 나는 나폴레옹과 빅토르 위고를 떠올렸다. 프랑스인이 가장 자랑스럽게 여기는 인물인 나폴레옹과 빅토르 위고.

나폴레옹은 1806년 개선문 건설을 지시한다. 나폴레옹은 1805년 12월 5일 아우스터리츠 전투에서 반(反)프랑스 동맹군을 괴멸시키며 군사적 천재로 세계사에 등장했다. 아우스터리츠 전투는, 프랑스 해군이 트라팔가 곶에서 대영제국의 넬슨에게 패배한 뒤 나폴레옹이 오스트리아-러시아 동맹군을 물리친 전쟁이다. 이 역사적인 승리를 기념하려

위고의 상여가 개선문
을 통과하는 모습

1806년 개선문 건설을 지시했다. 그러나 나폴레옹은 개선문이 준공되
는 것을 보지 못한 채 대서양의 세인트헬레나 섬에서 눈을 감는다. 개
선문은 나폴레옹 사후 15년이 지난 1836년, 루이 필립 왕 시절에 완공
된다. 비록 나폴레옹이 살아생전 개선문을 보지는 못했지만 그는 1840
년 운구차에 실려 개선문 아래를 통과한 최초의 인물이 된다.

　나는 높이 50미터인 개선문에 올라가 보기로 했다. 개선문 박물관
으로 올라가는 쪽의 벽면에 아우스터리츠 전투를 기념하는 부조가 붙
어 있다. 개선문 벽면의 부조들은 모두가 프랑스가 승리한 역사적인
전쟁을 기념한다.

　개선문 전망대에 올라가는 길은 계단을 통하는 방법이 유일하다.
나선형으로 난 272개의 계단을 오르다 보면 금방 숨이 찬다. 그렇다고
뒤에서 올라오는 사람들 때문에 도중에 멈춰 설 수도 없다. 밖에서 볼

때보다 계단을 오르면 개선문이 생각보다 훨씬 높다는 생각이 든다. 숨이 가빠지고 다리가 뻐근해지면 전망대 아래층 전시관에 도착하게 된다. 전시관에는 30년에 걸친 완공 과정을 보여주는 사진 자료들이 전시되어 있다. 아슬아슬한 비계 위에서 작업을 하는 사진도 있다. 전망대는 전시관에서 다시 짧은 계단을 걸어 올라가야 나온다.

개선문 전망대에 서면 두 방향으로 전망이 가능하다. 신시가지인 '라 데 팡스' 방향과 샹젤리제 대로 방향이다. 개선문에서 샹젤리제 대로를 내려다보니 도로를 걸으면서 느꼈던 것과는 전혀 차원이 다른 감흥이 밀려왔다.

나폴레옹은 아우스터리츠 전투 승리 전후 승승장구했다. 개선문에서 내려다보면 샹젤리제 대로와 빅토르 위고 대로를 포함해 12개 대로가 방사형으로 뻗어 있다. 샹젤리제 대로와 빅토르 위고 대로를 제외한 모든 대로는 전투를 승리로 이끈 장군들 이름을 붙였다. 이것이 프

샹젤리제 대로에서
본 개선문

랑스가 국가 영웅들을 기리는 방법이다.

개선문이 들어서면서 샹젤리제 대로를 거쳐 콩코르드 광장에 이르는 길이 국가 상징 도로로 자리잡았다. 개선문과 샹젤리제는 곧 프랑스의 영광을 의미했다. 샹젤리제 대로에는 주상복합건물들이 줄지어서 있다. 이들 주상복합건물의 고층 아파트는 파리에서 가장 비싼 아파트가 되었다. 승리한 프랑스군이 개선문을 통과해 샹젤리제 대로를 늠름하게 행진하는 모습을 가슴 벅차게 내려다보고 싶어 하는 귀족들과 퇴역 장교들이 고층 아파트에 경쟁적으로 입주한 결과다. 알퐁스 도데의 단편소설을 보면 이런 모습의 일단이 그려진다.

그러나 불행하게도 그 이후 프랑스는 승전보다는 패전의 역사가 더 많았다. 샹젤리제 대로에는 현재의 프랑스를 있게 한 국가 영웅들과 영국과 미국의 영웅들을 역명, 도로명, 그리고 동상으로 배치해 기리고 있다. 샤를 드골 에투알, 샹젤리제 클레망소, 윈스턴 처칠 대로, 프랑클

샤를 드골의 행진

린 루즈벨트 대로, 아이젠하워 대로 등.

운구 행렬이 개선문 아래를 통과한 이는 나폴레옹과 위고 두 사람뿐이다. 1919년 1차 세계대전에서 연합군이 승리했을 때 승전 퍼레이드가 바로 개선문 아래를 통과했다. 바로 이런 상징적 의미 때문에 외세(外勢)는 프랑스를 점령했다는 상징적 의미로 개선문을 통해 파리 중심부로 진입했다.

독일군은 두 번 개선문을 통과했다. 1870년, 보불전쟁에서 승리한 독일군이 개선문 아래를 지났고, 2차 세계대전 당시인 1940년 파리에 무혈입성한 나치 독일이 이 문을 걸어가면서 의기양양해 했다.

2차대전 때인 1944년 드골은 파리 해방을 선언하면서 개선문 앞에서 샹젤리제 대로까지 승리의 행진을 벌였다.

팡테옹에 잠들다

이제 팡테옹으로 가보자. 위고가 별세하자 프랑스 정부는 장례는 국장으로, 장지는 프랑스 국립묘지인 팡테옹으로 결정했다. 여기에 그 누구도 이의를 달지 않았다. 위고가 팡테옹에 안장되지 않는다면 누가? 개선문을 통과한 운구차는 샹젤리제 대로를 지나 콩코르드 광장에서 콩코르드 다리를 건너 생제르망 대로를 거쳐 팡테옹으로 향했다.

위고의 관이 팡테옹 앞에 이르렀을 때 팡테옹 광장과 광장에 이르는 '수플로' 가는 애도의 물결로 발 디딜 틈이 없었다. 위고의 관이 팡테옹 안으로 운구되어 들어가자 시민들은 누구랄 것도 없이 손에 들고 있던 꽃을 팡테옹 계단에 던졌다. 팡테옹 주변은 위고에게 바쳐진 꽃으로 작은 동산을 이뤘다.

팡테옹 전경

    알려진 대로 팡테옹은 중병을 앓다가 극적으로 목숨을 건진 루이 15세가 성인 제네뵈브를 기리기 위해 1744년 건설을 지시했고, 프랑스 건축가 자크 수플로가 설계해 1764년 건축을 시작했다. 이 교회가 완공된 때는 프랑스 대혁명의 한복판에 있던 1790년. 교회는 프랑스 위인들이 영면하는 곳인 팡테옹이 된다.

    지금도 어떤 인물의 팡테옹 안장이 결정되면 프랑스의 국가적인 이슈가 될 뿐 아니라 세계적인 뉴스가 된다. 가장 최근에는 2차 세계대전 당시 레지스탕스 영웅 4인이 팡테옹에 안장되었다.

    팡테옹 광장에 다다랐다. 광장에는 낮은 철제 담장이 둘러쳐져 있다. 팡테옹의 거대한 코린트식 기둥 사이로 얼굴이 인쇄된 대형 현수막 4개가 드리워져 있다. 2015년 6월에 팡테옹에 안장된 레지스탕스 4인의 얼굴이다. 여성 레지스탕스 한 명이 눈길을 사로잡는다. 지붕과 코린트식 기둥 사이에는 프랑스어로 새겨진 문구가 보였다. "국가는 위

팡테옹 지하 묘지 내부

인들에게 감사한다." 팡테옹 바깥에서는 2차 세계대전 당시 활동했던 여성 레지스탕스 사진전이 열리고 있었다.

알려진 것처럼 신고전주의 양식인 팡테옹 신전은 로마의 팡테옹 신전을 모방한 것이다. 유럽 문명의 뿌리는 그리스 로마 문명이다. 런던을 걸어서 여행해 본 사람이라면 팡테옹 신전이 어디서 본 듯하다는 느낌을 받을 것이다. 그렇다. 런던 중심가에 있는 세인트 폴 성당이 바로 팡테옹의 영향을 받아 지어졌다. 팡테옹 신전은 말할 것도 없이 고대 그리스의 파르테논 신전을 모방한 것이다.

나는 사진전을 둘러본 뒤 입장료로 9유로를 내고 안으로 들어갔다. 프랑스의 정신과 가치와 이상이 응집되어 있는 공간 팡테옹. 비 내리는 월요일 오후였는데도 팡테옹 내부에는 적지 않은 관람객들이 있었다. 내부를 천천히 살펴보는데 "프랑스의 수호천사가 이 나라가 어찌될지를 가르쳐주길"이라는 문구가 보였다. 사람들은 조용히, 벤치에 앉아

쉬면서 내부를 둘러보거나 사진을 찍고 있다.

중앙홀을 지나 오른편에 있는 지하 묘지 입구로 들어갔다. 지하 묘지 입구에는 "프랑스를 위해 죽은 작가를 위해"라는 글귀가 보였고, 친절하게 지하 묘지 지도가 게시되어 있다. 긴 복도 양옆으로 도리아식 기둥이 서 있어 두 개의 공간으로 구분하고 있었다.

독자들은 궁금해 할 것이다. 팡테옹에는 빅토르 위고 외에 어떤 위인들의 유해가 안치되어 있을까? 팡테옹에 들어온 첫 번째 인물은 유명한 웅변가 오노레 미라보였다. 사상가 볼테르가 그 뒤를 이었다. 볼테르와 같은 계몽주의 시대를 살았던 《사회계약론》의 저자 장 자크

루소 역시 이곳에서 영면하고 있다. 1970년 레지스탕스 지도자 장 물랭의 유해가 이곳에 이장되었다. 1995년 피에르 퀴리와 마리 퀴리 부부의 유해가 이장되었고, 1996년 앙드레 말로가 이곳에 묻혔다.

팡테옹은 시대별, 분야별로 나눠 하나의 방에 한 명 혹은 두세 명의 관을 두는 형태로 이루어져 있다. 팡테옹이 만들어진 초기에는 방 하나에 한 사람의 관을 두었다. 볼테르와 루소가 바로 그런 경우에 해당했다. 무공을 세운 장군들의 이름도 있었다.

당연히 나는 가장 먼저 위고를 만나고 싶었다. 위고의 묘를 찾는 건 어렵지 않았다. 사람들이 가장 많이 몰

려 있는 곳이다. 그런데 위고가 영면하고 있는 방에는 다른 두 작가가 함께 있었다. 알렉상드르 뒤마와 에밀 졸라였다. 《삼총사》의 작가 알렉상드르 뒤마는 정면에, 위고는 왼쪽에, 에밀 졸라는 오른쪽 석관 속에 각각 영면해 있다. 시간 순으로 보면 위고가 가장 오래되었다. 에밀 졸라는 1908년에, 알렉상드르 뒤마는 2002년에 각각 유골 상태로 이곳에 안장되었다.

관람객들은 묘지 앞에서 쉽사리 떠날 줄 몰랐다. 누구라도 그럴 것이다. 빅토르 위고니까. 나 역시 그랬다.

팡테옹을 나왔을 때에는 하늘에서 추적추적 비를 뿌리고 있었다.

발자크,
소설의 교과서

1799~1850

커피 예찬론자

소설의 아버지, 소설의 교과서, 소설의 전범⋯⋯. 오노레 드 발자크 앞에 붙는 형용어구들이다. 발자크는 프랑스 소설가 중 한국 독자들에게 상대적으로 덜 알려진 측면이 있다. 빅토르 위고와 비교하면 특히 그렇다. 19세기 전반기, 발자크는 빅토르 위고와 동시대를 살면서 위고와 쌍벽을 이룬 작가였다. 《나귀 가죽》, 《고리오 영감》, 《골짜기의 백합》 등 《인간 희극》 시리즈를 구성하는 작품들도 덜 알려지기는 마찬가지다.

발자크는, 소설가들 사이에서 위고와 마찬가지로 경외의 대상이다. 그의 소설들을 읽다 보면 '아, 소설이란 이렇게 쓰는 거구나' 하는 깨달음과 동시에 '이렇게 쓰지 못할 바에야 아예 쓰지 않는 게 낫다'라는 좌절감을 안겨준다.

커피 애호가들 사이에서도 발자크는 경외의 대상이다. 17세기, 커피가 이슬람 상인을 통해 유럽으로 흘러들어간 이래 지금까지 저명한 작가와 예술가들이 커피 예찬론을 펼쳐왔다. 이들의 커피 예찬론은 후대 사람들

오노레 드 발자크

에 의해 수없이 파편적으로 인용되고 있다. 그럼에도 불구하고 발자크의 커피 예찬론을 능가하는 문장은 없다. 그래서 커피에 대해 글을 쓰는 많은 사람들이 발자크의 커피 예찬론을 지금 이 시간에도 소비하고 있다.

서울 홍대 앞에는 '비플러스(B+)'라는 카페가 있다. 메뉴판을 펼치면 첫 장에 '주간다실, 야간살롱, 상시서점'이 보인다. 커피 메뉴판의 두 번째 메뉴가 '무슈 발자크(Mousieur Balzac)'. 메뉴 아래에는 다음과 같은 간략한 설명이 붙어 있다. "에스프레소보다 많은 커피, 아메리카노보다 진한 커피. 커피광이었던 '오노레 드 발자크' 헌정 커피."

발자크의 의지력과 집중력의 원천은 커피였다. 그는 저녁을 먹으면 일찍 잠을 청했다. 파리의 식당, 카페, 살롱, 극장, 도박장, 무도회장이 떠들썩할 때 그는 깊은 잠에 빠졌다. 파리가 고단한 하루 일과를 정리하고 잠에 들려고 할 때쯤 그는 잠에서 깼다.

발자크의 커피포트. 발자크의 이니셜 'HB'가 보인다.

자정쯤, 하인은 여섯 개의 촛대에 불을 켜서 방안으로 가져온다. 그리고 창문에 두꺼운 커튼을 친다. 일체의 빛도 소음도 틈입할 수 없는 글 감옥이 완성된다. 그는 작은 나무 책상에 앉는다. 파리지엥이 침대에서 꿈을 꾸려 할 때 소설가는 책상에서 펜을 들었다. 책상에는 원고지 뭉치, 까마귀 깃털 펜, 잉크병, 메모용 수첩만이 놓여 있다. 메모용 수첩에는 착상과 구성이 적혀 있다.

한번 상상력에 불이 붙으면 발자크는 몽롱한 상태에서 산불이 바람을 타고 번져나가듯 미친 듯이 글을 써내려갔다. 글이 생각을 따라잡을 수 없을 정도였다. 일단 펜을 잡으면 최소한 열 시간 이상 꼼짝하지 않은 채 열 개의 까마귀 깃털 펜을 다 써버렸다. 개 짖는 소리조차 나지 않는 새벽 3~4시, 방안에는 원고지 위를 스스슥 날아다니는 깃털 펜의 펜촉 소리만 들릴 뿐이었다. 화장실에 가거나 커피를 끓이기 위해 자리에서 일어설 때를 제외하고는 꼼짝도 하지 않았다. 글이든 회화든 모든 예술적 창작은 결국 고도의 집중과 몰입을 통해 탄생한다.

발자크는 어떻게 열 시간 가까이 몰입할 수 있었을까. 비밀은 커피의 힘이었다. 오스트리아 작가 츠바이크에 따르면 발자크에게 커피는 '검은 석유'와 같았다. 원고를 생산해 내는 '인간 기계'를 쉬지 않고 돌아가게 하는 석유가 바로 커피였다. '검은 석유'가 떨어지면 그는 일어나 탁자로 가서 커피포트의 불을 켰다. 당시 많은 작가들이 담배를 즐겼지만 그는 커피에 탐닉했다. 발자크는 커피 마니아답게 세계사에 길이 남을 커피 예찬론을 남겼다. 커피 애호가들이 애송하는 발자크의 커피 예찬론 한 토막을 보자.

"커피가 위 속으로 미끄러져 들어가면 모든 것이 술렁거리기 시작한다. 생각은 전쟁터의 기병대처럼 빠르게 움직이고, 기억은 기습하듯 살아난다. 인물들은 옷을 차려입고, 원고지는 잉크로 뒤덮인다."

최초의 박해자, 어머니

오노레 드 발자크는 1799년 5월 20일 투르에서 태를 묻었다. 아버지 베르나르 프랑수아 발자크는 다음날 흐뭇한 마음으로 관청을 찾아가 아들 '오노레 발자크'에 대한 출생신고를 한다. 여기서 굳이 출생신고에 대해 언급한 이유가 있다. 이름에 분명 귀족 신분의 표징인 '드(de)'

발자크가 태어난
투르 전경

가 없었다는 점을 강조하기 위해서다. 이 말은 그가 성인이 되어 어느 시점에 오노레와 발자크 사이에 '드'를 끼워넣었다는 뜻이다. 이 사실은 발자크라는 인간의 심연을 탐사하는 데 중요한 키워드다.

슈테판 츠바이크는《발자크 평전》에서 '드'를 넣게 된 이유와 관련해 흥미로운 분석을 하고 있다. 그가 스무 살 때에 쉰네 살인 작은 아버지가 임신한 여성을 살해한 죄로 사형선고를 받고 단두대에서 처형되었다. 당시 이 살인사건은 프랑스 사회를 떠들썩하게 만들었다. 그는 작은 아버지의 존재를 수치스러워한 나머지 거리를 두려는 심리에서 귀족 칭호인 '드'를 넣어 출생 배경을 숨기려 했다는 게 츠바이크의 해석이다.

발자크는 어떻게 귀족이 되었을까? 투르에서 나고 자란 아버지는 스무 살에 파리로 무작정 상경했다. 온갖 궂은 일로 생계를 유지하던 차에 세상이 뒤바뀌는 프랑스 대혁명이 일어났다. 그런 혼란의 와중에 혁명 정부에 참여해 관리로 승승장구했다. 쉰한 살에 은행의 1급 비서관으로 승진해, 마침내 부르주아 계급에 진입했다. 반죽이 좋고 돈 냄새를 맡을 줄 알았던 그는 나폴레옹 전쟁시대에 군수사업에 뛰어들어 큰 돈을 벌었다. 파리로 무작정 상경한 지 31년 만에 눈부신 신분 상승을 이뤄낸 것이다.

어머니는 속물적인 여자였다. 출세만이 유일한 삶의 목표라고 생각한 그녀는 아들을 닦달했고, 어리광을 매정하게 뿌리쳤으며, 무릎에 앉는 것도 버르장머리 없다며 곁을 주지 않았다. 어머니는 아들이 갈구하는 애정 표시를 싸늘하게 거절했고, 자신이 정한 길에서 벗어나는 것을 눈곱만큼도 용납하지 않았다. 훗날 발자크는 편지에서

방돔의 기숙학교

"나는 한 번도 어머니를 가져본 적이 없다"고 썼다. 한창 어머니의 손길이 필요하던 여덟 살 때 그는 방돔에 있는 오라토리오 수도회 기숙학교로 보내졌다.

루아르 강변에 자리한 기숙학교는 성벽으로 둘러싸여 교육기관이라기보다는 감옥과 흡사했다. 이 학교는 어린 학생들을 수도사처럼 대했다. 방학도 없었다. 발자크는 6년간 한 번도 집에 가본 일이 없었다. 그는 어린 시절부터 비범함을 드러냈지만 범재(凡才)인 신부 교사들은 소년의 남다름을 알아보지 못했다. 소년은, 교사들 눈에 말을 듣지 않는 고집불통 아이에 불과했다. 그때마다 소년은 규율을 어기는 말썽꾸러기 학생이 되었고, 가혹한 벌칙이 뒤따랐다. 소년은 감금 벌칙을 자주 당해 2년간 겨우 6일만 자유로웠던 적도 있었다. 기숙학교에서 소년은 어머니를 그리워하며 얼마나 많은 밤을 남몰래 베갯잇을 적셨을까.

소년은 어떻게 지옥 같은 기숙학교 생활을 버텼나. 그는 책에서 구원을 찾았다. 수학 과외를 해주던 공업학교 도서관 사서는 소년이 기숙학교로 책을 빌려가는 것을 허락했다. 소년은 닥치는 대로 책을 읽었

젊은 시절의
발자크 초상화

다. 책장을 넘길 때마다 그 속에서 새로운 세상이 펼쳐졌고, 소년은 그 세계 속에서 마음껏 활보했다. 이 대목에서 우리는 상트 페테르부르크와 프라하에서 비슷한 처지에 놓여 있던 두 소년을 떠올리게 된다. 육군공병학교의 도스토예프스키와 김나지움의 카프카. 시대와 공간은 다르지만 도스토예프스키와 카프카는 숨 막히는 학교생활에서 독서를 통해 현실의 억압을 견뎌내는 에너지를 충전했다.

소년은 방돔 기숙학교를 6년 만에 중퇴하고 집으로 돌아갔다. 그러나 어머니는 하나도 변한 게 없었다. 아들은 열여덟 살이 되면서 박해자인 어머니를 떠나기로 결심한다. 그는 성인이 되어서도 어머니가 자신의 삶에서 모든 불행의 원인이라고 확신했다.

발자크는 1814년 부모를 따라 파리로 이사해 레피트르 기숙학교에 입학했다. 이 학교에서도 발자크는 공부 잘하는 모범 학생이 아니었다. 화가 치민 부모는 발자크를 다른 학교로 전학시킨다. 그러나 전학한 학교에서도 여전했다. 라틴어 과목에서는 35명 중 32등을 기록한다. 어머니의 눈에 아들은 구제불능이었다.

"돈이 된다면 뭐든"

우여곡절 끝에 발자크는 1816년 파리 대학 법률학부에 입학했다. 대학생이 된다는 것은 자기 책임 아래 자유롭게 시간을 계획하고 쓸 수 있다는 것을 뜻했지만 부모의 생각은 달랐다. 젊은이는 자유를 가져서도 안 되고 단한 시간도 허비해서는 안 된다고 믿어 의심치 않았다.

법대 신입생인 발자크는 아버지의 뜻에 따라 변호사 사무소에 인턴 서기로 들어갔다. 이제 대학만 졸업하면 공증인이 될 수도 있었다. 그렇게 하면 부모가 희망하는 법조인으로 안정적인 생활이 가능했다. 그러나 스무 살이 되던 1819년 어느 날, 발자크는 공증 서류와 작별을 선언한다. 법률 서류

아버지

더미 속에서 허우적거리며 인생을 허비하지 않겠노라고, 내가 하고 싶은 것을 마음대로 하면서 살겠노라고, 작가가 되어 유명해지고 큰 돈도 벌겠노라고 결심한다.

당연히 집안의 반대에 부딪혔다. 아버지와 여동생만이 그의 편에 섰다. 산전수전 다 겪은 아버지는 아들의 뜻에 무조건 반대하지는 않았

고, 누이동생은 오빠가 유명 작가가 되고 싶어 한다는 사실에 무조건 박수를 쳤다. 아버지는 아들과 계약서를 쓴다. 2년간 생활비를 대줄 테니 만일 작가가 되지 못하면 다시 법률 사무소로 돌아온다는 내용이었다. 아버지는 1821년 가을까지 매월 생활비로 120프랑을 지원하기로 했다.

어머니

집세를 제하고 나면 하루 4프랑. 식료품을 사기에도 빠듯하다. 유흥과 문화생활은 꿈도 꿀 수 없었다.

파리에서 가장 오래된 마레 지구의 레디기예르 거리 9번지 다락방. 이 셋집은 어머니가 심사숙고해 고른 집이었다. 아들이 작가가 되겠다는 허튼 꿈을 빨리 접고 돌아오게 하려고 일부러 상태가 가장 나쁜, 6층 지붕 아랫방을 골랐다. 보통 지붕 아랫방은 하녀의 방으로 비좁고 허름하다. 여기서 인생의 패러독스가 발생한다. 어머니의 불순한 저의가 미래의 작가에게 돈으로 살 수 없는 소중한 경험의 밑거름이 되었다는 점이다. 레디기예르 거리 9번지 셋집의 경험은 《나귀 가죽》에서 이렇게 재현된다.

"노랗고 더러운 벽지에, 누추함의 냄새가 나는 이 지붕 밑 방보다 더 역겨운 것은 없었다. 지붕은 아래로 쳐졌고, 느슨한 기왓장 사이로 하늘이 보였다. (……) 수도사같이 고독한 처음 열 달 동안 나는 그렇게 가난과 은둔 속에 살았다. 나는 내 자신의 주인이며 하인이었다. 나는 이루 말할 수 없는 정열로 디오게네스의 삶을 살았다."

발자크 곁에는 아무도 없었다. 지금처럼 문예창작과가 있던 시절도 아니다. 작가가 되겠다고 했지만 무엇을 어떻게 써야 할지 전혀 갈피를 잡지 못했다. 희곡을 써야 할지 소설을 써야 할지도 몰랐다. 그는 혼자서 희곡 〈크롬웰〉을 써서 프랑스 국립극장에 올리겠다는 목표를 세운다.

여기서 우리는 장래 위대한 작가가 되는 작가 지망생의 놀라운 습관을 발견하게 된다. 무서운 집중력과 섬뜩한 참을성이다. 그는 하루 종일 책상 앞에 앉아 머리를 쥐어짰다. 일주일의 3~4일은 방에서 꼼짝도하지 않았다. 집밖을 나가는 경우도 빵과 과일과 커피를 사러 나갈 때뿐이었다. 잠자고 먹는 시간을 제외하고는 휴식도 없이 그는 글을 써

댔다. 그는 단 한 번에 대박을 터트리 겠다는 허황된 생각을 할 만큼 순진 했다.

레디기예르 골목길로 가본다. 지하 철 7호선과 8호선이 만나는 바스티유 역으로 간다. 레디기예르 골목길은 바 스티유 광장 바로 옆이다.

1789년 프랑스 대혁명의 도화선이 된 게 시민군의 바스티유 감옥 습격이 다. 왕의 감옥이었던 바스티유 감옥에 서 죄수 7명이 풀려났다. 피 맛을 본 흥분한 시민군은 내친김에 베르사유 궁전까지 쳐들어갔다. 지하철역 플랫 폼에는 1789년 7월 14일, 그날의 현장 그림들이 전시 중이다.

바스티유 광장의 혁명 기념탑과 오페라극장

지하철역 출입구들은 광장을 빙 둘러싸고 나 있다. 감옥이 있던 자 리에는 혁명기념탑이 우뚝하다. 기념탑 이름은 '7월의 탑'. 기념탑 뒤 로 바스티유 오페라극장이 보인다. 프랑스 대혁명 200주년 기념으로 1989년에 세워진 오페라극장이다.

200년도 더 지난 시점에서 그 골목길을 찾아 나서며 나는 자문해 보 았다. 1819년의 남루함이 과연 티끌만큼이라도 남아 있을까. 레디기예 르 골목길은 바스티유 광장에서 '생앙투안' 가나 '앙리 4세' 대로를 가 면서 두 번째로 만나는 길이다. 놀랍게도, 레디기예르 골목길은 분위기 에서 그대로였다. 골목길은 여전히 비좁았고 골목길 대부분은 햇볕이 들지 않아 서늘했다. 골목길 9번지에는 도심에 어울리지 않아 보이는

레디기예르 골목길과
안내판

작은 공장 간판이 걸려 있다.

6층 방에서 계단을 내려와 '생앙투안' 가로 몇 걸음만 옮기면 술집과
레스토랑이 즐비했다. 밤 문화를 즐길 곳은 넘쳐났다. 피 끓는 청춘 아
닌가. 그런데도 발자크는 파리 한복판에서 마치 깊은 산속의 수도승
같은 생활을 했다. 나이가 어렸기 때문일까. 나는 응달진 레디기예르
골목길에서 청년 발자크의 내면을 불태웠던 작가에의 열정을 몸서리치
게 느꼈다.

발자크는 희곡 〈크롬웰〉을 4개월 만인 1820년 1월에 완성했지만, 처
음부터 실패가 예정되어 있었다. 그만이 그 사실을 모를 뿐. 희곡의 기
초조차 배워본 일이 없는 그가 어떻게 국립극장에 올릴 비극을 쓸 수
있겠는가. 가족 중에, 파리 공과대학에서 문학을 가르쳤고 희곡을 써
본 앙드리외를 아는 이가 있어 그에게 작품을 보였다. 그는 어머니에게

아주 예의바른 편지를 보냈다.

"아드님의 용기를 꺾고 싶지는 않습니다만, 그가 비극과 희극을 쓰는 것보다는 시간을 더 잘 이용할 수 있을 것이라고 생각됩니다. 그가 나를 한번 찾아와준다면 순수문학을 어떻게 공부해야 하며, 직업적인 시인이 되지 않고도 문학에서 어떤 이익을 얻을 수 있을지에 대해 기꺼이 그와 이야기하고 싶습니다."

앙드리외는 전문가다운 식견과 함께 훌륭한 인품을 지닌 사람이었다. 만일 그가 〈크롬웰〉을 읽고서 발자크가 문학적 재능이 없다고 성급하게 결론을 내렸다고 상상해 보라. 그는 현명하게도 유보적인 판단을 내렸다.

발자크는 〈크롬웰〉을 쓰면서 두 가지를 깨달았다. 자신에게 글쓰기에 몰입하는 천부적 능력이 있다는 것과 글쓰기는 부업으로 할 수 있는 일이 아니라는 사실이었다. 〈크롬웰〉은 실패했지만 기한은 아직 1년이나 남아 있었다. 첫 실패를 교훈 삼아 그는 더욱 굳게 다짐했다. 반드시 작가로 성공해 자유롭게 살리라. 그는 다시 레디기예르 9번지에서 칩거에 들어갔다.

청년 시절의 발자크

그러나 발자크는 차츰 현실을 인정하지 않을 수 없었다. "한 번에 명성과 돈과 자유를 얻는다는 건 불가능하니 우선 돈부터 벌자. 명성은 천천히 얻으면 된다. 돈이 있어야 부모로부터 자유로울 수 있다. 그렇다면, 무엇을 써야 돈을 벌 수 있을까?" 그것은 소설이었다. 소설은 평화의 시대에 날개를 활짝 편다. 나폴레옹 전쟁 시대에는 전쟁으로 인해 하루하루가 극적 긴장감으로 흘러 넘쳤다. 일상이 흥미진진하다 보니 사람들은 소설 따위에 눈길조차

발자크의 누이동생 로르 발자크. 로르도 나중에 작가가 된다.

주지 않았다. 전쟁이 끝나고 평화의 시대가 찾아오자 사람들은 소설에서 긴장과 흥분과 낭만을 찾고자 했다.

이때 발자크는 어떤 출판업자를 만나게 되는데, 이 출판업자가 이런 제안을 했다. "왜 힘들게 소설에 고상한 것을 집어넣으려고 고생하느냐? 지금 잘 팔리는 소설을 선택해 그와 유사하게 이야기를 꾸며 출판하면 돈은 얼마든지 벌 수 있다." 돈이 궁했던 발자크는 이 제안을 덥석 받았다. 첫 작품은 《샤를 푸앙텔 혹은 왼손잡이 나의 사촌》. 이 소설에서 발자크의 이름은 들어가지 않았다. 두 번째 소설에는 두 사람 이름이 들어갔다. 둘 다 필명을 썼다. 악마에게 영혼을 팔았다는 것을 스스로 인정한 것이다.

발자크는 레디기에르 9번지 집에서 나와 빌파리시스의 부모 집으로 돌아간다. 소설은 주문이 밀려들었다. 그는 첫 번째 소설로 800프랑, 두 번째 소설로 2,000프랑을 벌었다. 부모는 원고지가 돈을 벌어들인다는 사실에 놀라워하면서도 기뻤다. 발자크가 필명으로 쓰레기 같은 삼류소설을 쓴다는 것은 괘념치 않았다. 부모는 장성한 아들이 더 이상 손을 벌리지 않는다는 사실이 흐뭇할 따름이었다.

발자크는 미친 듯 원고를 써대 하루 평균 30~40쪽을 생산해 냈다. 빨리 많이 쓰면 쓸수록 돈이 그만큼 많이 들어오니 그는 가쁜 숨을 몰아쉬며 복사기처럼 원고지를 토해냈다. 잉크병 하나가 평균 사흘이면 바닥을 드러냈고, 펜은 열 개씩 닳아 못쓰게 됐다. 집안은 소설 공장이 되었다.

출판사의 주문은 계속 밀려들었다. 이렇게 되자 그는 공동 저자에서

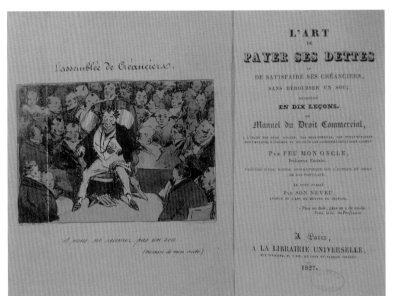

단독 저자로 올라섰다. 필명은 '로르 룬'. 아무리 짜깁기와 표절투성이
라고 해도 생산 속도가 가공할 정도였다. 1822년에만 그는 4권 1세트
짜리 소설을 3편이나 써냈다. 그는 필명을 '로르 룬'에서 '오라스 드 생
토뱅'으로 바꿨다. 그나마 소설은 나은 편이었다. 그는 돈이 된다면 뭐
든 다 썼다. 소책자, 팸플릿, 정치인의 선전물까지 손을 댔다. 여유가
생겼는데도 영혼을 파는 행위를 멈추지 않았다. 빌파리시스의 소설 공
장에서는 소시민을 미혹하는 '실용서'들이 매달 쏟아져 나왔다.《정직
한 사람들의 법전 혹은 사기꾼에게 속지 않는 법》,《부부 법전》,《한
푼도 쓰지 않으면서 빚을 갚고 빚쟁이를 만족시키는 방법》등등. 슈테
판 츠바이크는《발자크 평전》에서 이를 "비참한 매춘행위"라고 규정했
다. 발자크는 훗날 시중에 돌아다니는 저질 소설을 자신이 썼다는 것
을 끝내 시인하지 않았다. 출판계에서 다 아는 사실을.

첫사랑 베르니 부인

발자크는 스물두 살이 되도록 연애를 해보지 못했다. 인간의 애정 문제는 그 인간을 총체적으로 이해하는 데 대단히 중요한 요소다. 왜 그는 한 번도 사랑의 감정에 휩싸여본 경험이 없을까.

파리 시절에는 한 번에 히트 치는 작품을 써야 한다는 강박관념에 사로잡혀 있었던데다 호주머니에 먼지밖에 없는 형편이어서 데이트는 꿈도 꾸지 못했고, 빌파리시스 집에서는 부모의 감시 속에 소설 공장을 운영하느라 기회가 없었다. 이것으로 설명이 충분할까. 여기에는 그의 외모도 작용했다는 분석이 있다. 그는 매력적인 눈을 갖고 있었다. 눈에서는 불꽃같은 광채가 뿜어져 나왔다. 그러나 결정적인 약점 하나. 뚱뚱하고 키가 작은 편이었다. 돈이 없다 보니 자신을 꾸밀 줄도 몰랐다. 이런 외모적인 열등감이 여자들에게 적극적으로 다가가는 것을 막았다는 분석이다.

발자크 집안은 빌파리시스에서 파리 시절 이웃에 살던 귀족 출신의 가브리엘 드 베르니 집안과 가깝게 지냈다. 베르니 집안은 우연히 빌파리시스에 별장을 갖고 있었다. 베르니 부부는 슬하에 7남매를 두었다.

빌파리시스에 머물 때면 발자크의 부모는 베르니 부부와 어울렸다. 그때마다 발자크는 베르니 부부의 아이들과 친구가 되곤 했다. 그는 베르니 집안을 드나드는 것을 좋아했고, 특별한 일이 없을 때도 그 집에 머물곤 했다. 그런데 외모에 관심이 없던 발자크가 어느 날부터 서서히 변해갔다. 옷차림도 신경 쓰고 말투도 세련되어져 갔다. 발자크 부모는 당연히 아들이 베르니 씨의 딸 에마뉘엘과 연애감정을 느꼈을 것으로 믿어 의심치 않았다. 발자크 부부는 상류층 출신의 딸과 연애를 하는 아들의 미래를 상상하며 흐뭇해 했다.

그런데 기절초풍할 일이 벌어졌다. 아들의 상대는 아리따운 딸이 아닌 마흔다섯의 로르 드 베르니였다. 아이를 이미 일곱 명이나 출산했고 출가한 큰딸 덕분에 할머니가 된 베르니 부인. 젊었을 때는 아름다웠지만 이제는 둥글둥글하고 부드럽고 푸근한 어머니의 모습이었다.

첫사랑 베르니 부인

눈치 빠른 독자라면 여기서 무릎을 칠 것이다. 그렇다. 베르니 부인은 발자크가 어린 시절 그토록 갈망한 모성의 전형이었다. 어머니뻘이지만 베르니 부인은 결코 실제 어머니처럼 지배적인 태도로 발자크를 억압하거나 윽박지르는 법이 없었다. 무질서해 보이는 발자크의 이야기를 진지하게 들어주었고 아주 부드럽게 발자크를 다듬고 교정해 주었다. 모성애로 충만한 여성이었다. 베르니 부인은 그의 자의식을 깨우고 자존감을 북돋워주었다. 발자크는《골짜기의 백합》,《피르미아니 부인》등 여러 작품에서 베르니 부인을 다른 작중 인물로 등장시켜 그녀에 대한 격정적인 찬사를 퍼붓는다.《피르미아니 부인》에서는 베르니 부인에 대해 다음과 같은 찬가를 쓴다.

"부드러운 목소리로 말에 마법을 불어넣어 자신의 모든 행동과 조화를 이루어내는 여성을 만나는 행운을 누려본 적이 있으세요? 말할 줄도 알고 침묵할 줄도 아는 여자, 완전한 부드러움으로 사람을 사로잡고 자신의 말을 행복하게 선택하고 순수한 언어를 말하는 여자를요? 그녀의 놀리는 말은 애무와도 같고, 비판은 전혀 상처를 주지 않아요."

자기 친구와 사랑에 빠진 아들에 대한 발자크 어머니의 분노가 어땠을지는 굳이 설명할 필요가 없겠다. 베르니 부인의 입장도 난감하기 짝이 없었다. 발자크는 평범한 사람이 아닌 작가였다. 그는 베르니 부인과 함께한 첫날밤의 순간을 이렇게 기록으로 남겼다.

"놀라움과 온통 사랑으로 가득 찬 밤이! 남자가 일생 오직 한 번만 누릴 수 있는, 그리고 다시는 되풀이되지 않을 그 밤이!"

발자크는 베르니 부인을 통해 한 번도 경험하지 못한 모성애를 느꼈을 뿐 아니라 남자로 다시 태어났다. 발자크는 이제 정신적으로나 육체적으로 완전히 어머니로부터 벗어나게 되었다. 베르니 부인의 존재는 개인사적인 차원을 넘어 세계 문학사적 관점에서도 조명된다. 베르니 부인으로 인해 그는 저질 소설이나 써대는 삼류 작가에서 비로소 발자크라는 이름을 되찾게 되었다. 위대한 작가가 되었을 때 그는 이런 고백을 했다.

"그녀는 내게 어머니, 여자친구, 가족, 동반자, 충고자였다. 그녀는 나를 작가로 만들었고, 젊은 나를 위로해 주었으며, 내게 취향을 마련해 주었고, 누이처럼 함께 울고 웃었다. 그녀는 언제나 고통을 진정시켜 주는 선량한 꿈처럼 나타났다. (……) 그녀는 내게 자부심을 일깨워 주었다. 내가 살아 있는 한 이 점에 대해 그녀에게 감사한다. 그녀는 내게 모든 것이었다."《발자크 평전》)

베르니 부인과의 사랑은 10년간이나 지속된다. 첫사랑이자 첫 여자였던 베르니 부인과의 관계는 앞으로 작가 앞에 나타나게 될 모든 애정 문제의 유형을 결정지었다. 여기서 슈테판 츠바이크의 해석을 들어 본다.

"발자크는 이제부터 모든 여자에게서 언제나 어머니 같은 보호자, 부드러운 안내자, 헌신적인 협조자의 모습을 구하였다. 첫 번째 여자에게서 얻었던 바로 그 모습이었다. 자기에게 시간을 요구하지 않고, 일이 끝난 다음 자기의 긴장을 풀어줄 시간과 힘을 가진 여자를 원했던 것이다. 자기보다 경험이 많고 ― 특이하게도 ― 나이도 자기보다 위인 여성들만이 그를 만족시킬 수 있었다. 사교계의 꽃들, 직업여성, 이른바 악마적인 여자, 문학적으로 속물근성을 가진 여자는 한 번도 발자크에게 매력적으로 보인 적이 없었다. 아름다운 겉모습은 그를 유혹하지 못했고, 젊음도 그를 꼬이지 못했다. 그런 여자는 너무 많은 것을 요구하고 거의 아무것도 주지 못하기 때문이다."(《발자크 평전》)

위 **빌파리시스 역 안내판** 아래 **빌파리시스의 발자크 집으로 가는 버스 노선도**

빌파리시스로 가보자. 구제불능의 삼류 인간으로 살 뻔한 천재를 구원해 준 공간. 빌파리시스는 파리와 붙어 있지만 행정 구역상으로는 파리가 아니다. '레 알' 역에서 교외선 전철 RER 'B'를 탔다. 내가 빌파리시스를 찾아가던 날 파리의 기온은 32도였다. 열차가 파리 교외로 미끄러져 나아갔다. 무심코 내다본 차창 밖으로 뜻밖에도 금호타이어 광고탑과 기아자동차 광고탑이 뒷걸음질 쳤다. 반갑고 고마웠다.

목적지인 빌파리시스 역에 내렸다. 빌파리시스로 가려면 역사를 빠져나가지 말고 플랫폼과 연결된 지하통로를 이용해야 한다. 지하통로를 지나면 갑자기 울창하고 짙푸른 숲이 나타나 눈을 시원하게 한다. 다리 아래로 운하가 흘렀다. 숲은 운하를 따라 조성된 조림지(造林地)였다.

버스정류장에서 17번 버스를 타기로 했다. 7분 후에 도착한다는 알림이 떴다. 시간이 남아 17번 버스의 정류장 명을 살펴봤다. 정류장 이름은 몽테스키외, 아나톨 프랑스, 샤토브리앙, 발자크…… 발자크 정류장은 여섯 번째였다.

발자크가 살던 집은 발자크 정류장에 내려 지나온 길을 따라 몇 걸음 걸어야 한다. '시테 발자크(Cité Balzac)'가 보였다. '발자크 단지'라는

빌파리시스에 있는 발
자크 옛 집터의 플라크

뜻이다. 발자크 가족이 살던 집터는 현재 아파트 단지로 변해 있었다. 버스가 지나는 큰 길에서는 접근할 수 없도록 철문이 닫혀 있다. 철문 안 잔디밭에 이 장소의 역사성을 알리는 플라크가 달린 표지석이 보였다.

"그의 문학적 영혼이 이곳에서 싹터서 프랑스 소설의 아버지가 되도록 했다."

안으로 들어가는 방법이 없는지 두리번거리는데 아파트 단지 왼편에 발자크의 이름을 딴 작은 공원이 있었다. 혹시 공원 뒤쪽으로 가면 아파트 단지로 들어가는 문이 있을까 해서 무작정 공원으로 들어섰다. 공원은 동네 공원답게 아담했다. 공원 뒷문을 통해 아파트 단지로 들어섰다. 아파트 두 동만 새 건물이었고 나머지는 발자크가 살던 그대로였다. 정원의 벤치, 우물, 담장 등이 발자크가 살던 당시 모습 그대로였다. 시멘트 벤치는 여기저기 움푹 패여 있었다. 우물도 마찬가지였다. 돌로 된 담장은 한눈에도 수백 년 세월의 무게를 간직하고 있는 게 느껴졌다. 아무리 발자크의 집이라고 하지만 옛날 집을 그대로 둘 수 없는 일. 빌파리시스는 아파트 단지를 조성하는 대신 19세기 초반을 추억할 수 있는 것들을 그대로 보존했다. 플라크의 문구대로 발자크의 "문학적 영혼이 싹튼" 공간에 그가 앉았던 벤치, 물을 길어먹던 우물, 그리고 턱을 고이고 생각에 잠겼을 돌담을 어찌 없앤다는 말인가.

아파트 단지를 나오면서 다른 지형지물들이 눈에 들어오기 시작했

다. '아카시아 발자크 아파트 단지', '발자크 길' 등. 빌파리시스는 위대한 소설가에 대한 경의를 이렇게 표하고 있었다.

발자크 옛 집터의
돌담과 돌벤치

소설가로 이름을 알리다

정신적인 독립을 이뤄낸 발자크에게 남은 것은 물질적인 독립이었다. 1824년 겨울, 그는 원고 뭉치를 들고 '생앙드레 데 자르' 광장 30번지에 있는 서적상 겸 출판업자 카넬을 찾아가 원고를 건넸다. 카넬은 사무실을 나서려는 발자크를 붙잡고 사업 구상을 제안한다. 라퐁텐이나 몰리에르 같은 고전작가들의 전집을 한 권으로 편집해 크리스마스 시즌에 맞춰 시장에 내놓자는 것이었다. 한 권으로 편집하면 독자들이 부담 없이 한 권씩 사게 될 것이라고 전망했다. 발자크는 솔깃했고, 자신도 투자하겠다고 했다.

세상은 발자크가 생각하는 것처럼 그렇게 만만하지 않았다. 이후 5년간 그가 손댄 출판업, 인쇄업, 활자제조업은 언제나 그의 기대와 반대로 움직였다. 10년 뒤 스물아홉의 그는 거의 10만 프랑의 빚을 졌다. 그는 정녕 실패했을까. 사업가로는 처참한 실패였지만 소설가로는 아니었다. 의도한 것은 아니었지만 그는 실패를 통해 세상을 배웠다. 인쇄공들과 부대끼고 고리대금업자들과 신경전을 벌이면서 인간의 본성에 눈을 떠갔다. 동시대 작가인 빅토르 위고나 라마르탱도 경험하지 못한 것을. 10년의 시베리아 유형이 도스토예프스키를 키웠듯, 10만 프랑의 빚이 발자크의 작품을 숙성시켰다. 낭만적이고 평면적인 인물 묘사에서 벗어나 인간성의 어두운 내면을 다층·다성적으로 보는 눈을 갖게 되었다. 그의 대표작으로 불리는 《나귀 가죽》, 《루이 랑베르》, 《세자르 비로토》 등 《인간 희극》 시리즈에 나오는 다양한 인간 군상은 사업 실패라는 퇴비가 키워낸 것이었다. 즉 발자크 소설의 리얼리즘은 현실의 처참한 실패에서 그 자양분을 얻었다.

발자크는 아버지로부터 원초적인 낙천성과 생명력을 DNA로 물려받았다. 10만 프랑이라는 빚은, 보통 사람 같았으면 극단적인 선택을 고려할 정도의 큰 무게였겠지만 그는 태연했다. 단지 빚쟁이들을 피해 은신해야 한다는 점이 성가시고 불편했을 뿐이다. 그렇다고 베르니 부인을 혼자 놓아두고 지방으로 피신할 수도 없는 노릇이었다.

그는 누이동생의 남편 쉬르빌 명의로 카시니 거리에 집을 빌려 그곳에서 9년간 은거하며 글을 쓴다. 카시니 거리 1번지 집에서 그는 마침내 삼류 소설가에서 위대한 작가로 거듭나게 된다. 카시니 거리는 몽파르나스 공동묘지와 가깝다. 그는 왜 하필 카시니 거리에 비밀 거처를 마련했을까. 발자크의 비밀 거처를 아는 사람은 베르니 부인과 화

다양한 인간 군상이 등장하는 《인간 희극》 광고 그림, 1842

카시니 가 1번지
발자크의 집

가 친구 오귀스트 보르제 두 사람뿐이었다. 이 집을 적극 추천한 사람은 베르니 부인. 비밀 거처와 정원을 사이에 두고 베르니 부인의 집이 있었다. 게다가 정원을 지나 건물 뒤편에 난 좁은 계단을 통해 올라가면 눈에 띄지 않고 발자크의 침실로 들어갈 수 있었다. 두 사람만이 아는 사랑의 루트였다. 발자크는 비밀 거처에 살면서 어둠이 장막처럼 내리는 밤에만 밖으로 나다녔다.

방, 거실, 작업실, 그리고 침실로 이뤄진 이 집은 일 년 집세가 400프랑이었다. 발자크는 집을 꾸미는 데 빚을 내가며 열을 올렸다. 그 중에서 특히 집필실을 장식하려 자질구레한 물건들을 골동품상에서 사들였다. 빚이 늘어날수록 그는 집을 화려하게 꾸미는 것으로 위안을 삼았다.

스물아홉부터 평생을 빚쟁이들에 쫓겨 은신처를 전전한 발자크였지만 반드시 가지고 다닌 게 있었다. 책상, 촛대, 장롱, 커피포트, 나폴레옹 석고상이었다. 커피포트는 자신의 이름을 새겨넣은 특별 주문 제품이었다. 작업실 벽난로 위에는 언제나 나폴레옹 석고상을 올려놓았다. 석고상 받침대에는 이런 종잇조각을 붙여놓았다.

"그가 칼로 시작한 일을 나는 펜으로 완성하련다."

나폴레옹 석고상을 보면서 문학의 나폴레옹이 되겠노라고 다짐하고 또 다짐했을 발자크. 감당할 수 없는 빚이 스물아홉의 그를 억누르고 있었지만 열아홉 시절과는 달랐다. 발자크는 더 이상 필명 뒤에 숨지 않았다.

카시니 거리는 파리 천문대와 붙어 있는 짧은 길이다. 지하철 6호선 '생자크' 역에서 내려 천문대 방향으로 길을 잡는다. 천문대의 높은 담장을 왼쪽에 두고 5분쯤 걸었을까. 천문대 담장이 끝나면서 철제문이 나타났다. 문 옆에는 파리 시 문화유산이라는 푯말이 서 있다. 프랑스 작가협회, 프랑스 번역가협회 등의 사무실이 들어 있다는 안내문이 보였다.

"1838년 발자크가 창립한 작가협회는 샹젤리제 대로변에 있다가 1880년 이곳 마사 저택으로 옮겼다."

작가협회가 여기 있으니 카시니 가도 멀지 않아 보였다. 몇 걸음 걸으니 카시니 거리가 왼쪽에 나타났다. 들어서자마자 오른쪽 건물에 플라크가 보였다. 작가 알랭 푸르니에의 플라크였다. 또 다른 집에는 유명한 레지스탕스가 살았다는 플라크가 붙어 있었다. 그러나 이상하게도 발자크의 흔적은 찾지 못했다.

왼쪽 **발자크**의 은신처가 있던 **카시니 길**
아래 **카시니 길 안내판**

1829년 3월, 발자크는 드디어 본명 오노레 발자크라는 이름으로 소설《올빼미당원》을 내놓는다. 구성은 탁월했지만 문제는 문체였다. 싸구려 저질 소설을 쓰던 습성이 남아 있다는 것을 작가는 깨닫지 못했다. 평단의 냉랭한 평가와 함께 발자크의 첫 소설은 1년간 겨우 445부가 팔렸다.

　어느 날 카시니 거리 은신처에 빚쟁이 출판업자가 찾아왔다. 출판업자는 이미 지불한 200프랑을 돌려주는 대신 오래전 시리즈로 낸 바 있는《결혼 생리학》을 다시 고쳐서 출판하자고 제안했다. 그는 다시 쓰기로 했다. 경험과 지식에서 과거의 발자크가 아니었다. 가벼운 마음으로 쓴《결혼 생리학》이 대박을 쳤다. 마침내 발자크는 유명해졌다. 출판사와 신문사에서 원고 청탁이 쇄도했고, 그는 모든 원고를 거절하지 않았다. 1830~1831년 파리에서 발행되던 주요 정기 간행물에 그의 글이 실렸다. 특히 1830년 4월에 쓴《사생활의 장면들》은 그의 이름을 이탈리아와 러시아에까지 알렸다. 《사생활의 장면들》에서 그는 어디서도 관심 받지 못하던 '서른 살의 여자'를 부각시켰다. 여자 나이 서른은 새로운 사랑을 시작할 나이라는 주장은 여성 독자들을 열광시켰다.

　그런데 놀라운 사실은, 발자크가 작가로 이름을 얻었음에도 불구하고 스스로는 문학적 재능을 인정하지 않았다는 점이다. 그는 문학을 소명으로 생각하지 않았다. 단적인 예로 1830년 7월 혁명 직후 시민계급이 정치에 참여하는 흐름 속에서 국회의원에 도전했다는 사실을 들수 있겠다. 그가 정치에 뛰어든 이유는 간단했다. 정치권력을 잡아 단숨에 부귀영화를 누리겠다는 욕망의 발현이었다. 한탕주의에 대한 욕망은 사업에 이어 정치에서도 꺾였다. 그는 목표를 수정했다. "돈 많은 과부를 만나 원고료와 인세로 사는 생활을 청산하고 말겠다!"

최고의 선물

작가는 저마다 독특한 습성이 있다. 아침식사가 끝나는 시간이 되면 출판사 직원이 발자크의 집 문을 두드린다. 발자크가 밤새 커피의 힘으로 써내려간 원고를 받기 위해서다. 출판사 직원의 손에는 이틀 전 가져간 원고의 교정쇄와 2차, 3차 교정쇄가 들려 있다. 납활자로 인쇄하던 시절, 교정쇄는 축축한 종이에 인쇄를 했다. 축축한 종이를 써야 잉크가 잘 먹었기 때문이다. 교정쇄는 말 그대로 교정쇄일 뿐이지만 발자크에게 그것은 교정쇄가 아닌 제2의 원고지였다. 하얗게 새운 밤의 원고는 커피의 마력으로 몽환적 상태에서 쓴 초벌 원고였다. 그는 자연광 상태에서 초고를 바탕으로 다시 글을 써 나갔다.

발자크는 출판사에 교정쇄를 종이 한가운데에 일렬 종대로 길쭉하게 인쇄해 달라고 부탁했다. 교정쇄 양쪽의 너른 여백에 빽빽하게 원고를 고쳤다. 사실상 다시 쓰는 것이나 다름없었다.

출판사 직원이 이 교정쇄를 인쇄소에 넘겨주면 식자공들이 몰려들었다. 그리고 낄낄거리며 한마디씩 했다. 식자공들은 교정쇄 한 장씩을 나눠 들고 끙끙거리며 원고를 해독해 활자를 뽑아낸다. 발자크는 소설 한 권을 쓰기 위해 한 페이지 당 교정쇄를 최소 열 번 이상 만들어냈다. 대부분은 페이지당 교정쇄가 15~16개 만들어졌다. 200쪽짜리 소설이라면 최소 2,000쪽 이상의 교정쇄가 생산된다는 계산이 나온다.

우리는 여기서 위대한 작가의 태도를 엿볼 수

1834년에 출간된 발자크의 《고리오 영감》 삽화

있다. 책 한 쪽을 평균 열 번 이상 고친다는 건 보통의 인내력 없이는 불가능한 일이다. 같은 문장을 몇 번 고치다 보면 인간인 이상 질리기 때문이다. 가능하면 빨리 여기서 탈출하고 싶어진다. 그런데 발자크는 이를 참아냈다. 발자크는 스스로가 만족하는 완벽한 문장과 표현을 위해 초인적인 인내심으로 고치고 고치고 또 고쳤던 것이다. 내가 발자크의 소설을 읽으면서 수없이 맛보았던 경탄과 좌절은 이 같은 노력과 인내의 결과물이었다. 불멸의 천재를 만드는 것은 결국 초인적인 노력과 인내, 그리고 자기 자신과의 싸움이었다.

발자크는 이 교정쇄들을 아끼고 사랑했다. 그래서 소설이 한 권 나올 때마다 그 소설의 교정쇄를 전부 모아 별도로 제본했다. 발자크는 이 교정쇄 제본을 자신을 도와준 이들, 교정쇄의 가치를 아는 이들에게 선물했다. 발자크는 한 편지에서 이렇게 썼다.

발자크의 교정쇄

"나는 이 제본들을 오직 나를 사랑하는 사람들에게만 선물합니다. 내 오랜 작업과 내 인내심의 증인들이지요. 이 끔찍한 페이지들 위에서 나는 나의 밤들을 보냈습니다."

교정쇄 제본 선물은 소설가가 할 수 있는 최고의 선물이었다. 일종의 훈장 같은 것이었다. 친구이자 의사로서 발자크를 도와준 나카르도 교정쇄 제본을 받은 사람이다. 《골짜기의 백합》 교정쇄 제본을 받고 나서 나카르는 발자크에게 이런 편지를 썼다.

"그것은 정말 생각할 가치가 있는 기념물입니다. 예술에서 아름다움이 완성될 수 있다는 것을 믿는 사람들 눈에만 그 사실이 보이겠지요. 정신의 생산물이 언제나 자신들이 읽는 것처럼 그렇게 가볍게 수태되어 창조된다고 믿는 독자들에게 그것은 얼마나 많은 것을 가르쳐주는 것일까요. 방돔 광장 한가운데에 내 도서관이 세워져 당신의 천재성을 사랑하는 친구들이, 당신이 얼마나 양심 바르고 끈기 있게 일하는지 평가해 주는 날이 오기를 나는 바랍니다."《발자크 평전》)

퐁데자르, 언약의 다리

발자크는 1831년《나귀 가죽》을 출간했다. 평단에서도 최고의 평가를 받은 이 소설은 자살을 시도하려고 센 강변을 거닐던 한 청년이 우연히 들른 전당포에서 마법의 '나귀 가죽'을 손에 넣는 것으로 시작한다. '나귀 가죽'은 욕망하는 모든 것을 소유할 수 있게 하지만 그에 반

《나귀 가죽》 삽화

비례로 수명을 단축시킨다. 이와 함께 1831년은 발자크 인생에서 매우 의미 깊은 해다. 스스로 자신의 이름에 '드'를 집어넣었다. 귀족을 의미하는 'de'를. 그의 자존감이 더할 나위 없이 충만했다는 뜻이다.

대표작인《나귀 가죽》을 보자. 독자들은 180년 전 작품인《나귀 가죽》에서 파리가 어떻게 묘사되고 있는지, 또 소설 속에 그려진 파리가 지금 어떻게 변했는지 궁금해 할 것이다. 이 소설에서 가장 자주 언급되는

것이 '퐁데자르'다.

"상점이 끝나자 그는 루브르와 아카데미 건물과 노트르담의 두 탑신과 법원의 첨탑들, 그리고 퐁데자르를 유심히 살폈다. 그 건물들은 잿빛 하늘에 물들어 슬픈 모습을 하고 있었다."

"그 긴 공부 기간 동안 퐁데자르 다리를 건너다닌 기억도 없고 물을 사본 기억도 전혀 없다네. 나는 아침마다 그레 거리 귀퉁이에 있는 생미셸 광장 분수에 가서 물을 길어왔지."

퐁(pont)은 다리고, 데자르(des Art)는 예술이니 곧 '예술의 다리'라는 뜻이다. 1830년대 당시 퐁데자르는 보행자 전용 다리, 즉 귀족의 산책로로 통행료를 받았다. 그러니 소설 속의 주인공은 통행료를 내야 하는 퐁데자르를 피해서 다녀야 했던 것이다.

《나귀 가죽》주인공의 눈을 따라 퐁데자르로 가본다. 지하철 1호선 '팔레 루아얄 뮤세 드 루브르' 역에서 내려 센 강 쪽으로 걸어간다. 카루셀 개선문을 오른쪽으로 보면서 카루셀 다리 쪽으로 가다가 센 강둑에 이르러 카루셀 다리를 건너지 않고 왼쪽으로 조금 걸으면 퐁데자르가 기다린다. 퐁데자르는 센 강에 걸쳐 있는 37개의 다리 중 몇 개 안 되는 보행자 전용 다리다. 다리 상판이 나무로 되어 있다.

현재 퐁데자르는 언약의 다리로 유명하다. 다리 양쪽 난간에 사랑의 언약을 담은 수만 개의 열쇠가 담쟁이덩굴처럼 빼곡하게 매달려 있었다. 시간이 갈수록 열쇠는 늘어만 갔다. 파리 시는 열쇠 무게에 눌려 다리가 무너질 것을 우려해 궁여지책으로 열쇠를 다리가 아닌 강둑 철제 난간에 옮겨 매달았다.

루브르 쪽에서 다리를 건너면 정면에 보이는 건물이 프랑스 아카데미, 즉 프랑스 학술원이다. 퐁데자르 나무 상판 위에서 학술원을 보다가 시테 섬 쪽으로 시선을 돌린다. 시테 섬의 뾰쪽한 끝에 다리 하나가

아담하게 걸려 있는 게 보인다. '퐁네프'다. 영화 〈퐁네프의 연인들〉로 유명세를 얻은 다리다.

보행자 전용 다리 퐁데 자르. 멀리 루브르 박물관이 보인다.

《나귀 가죽》을 읽다 보면, 발자크의 인간과 사회를 꿰뚫어보는 혜안과 통찰에 혀를 내두르게 된다. 풍부한 실패 경험과 폭넓은 독서가 한데 어우러져야만 나올 수 있는 언어의 결정(結晶). 그가 이야기를 풀어가면서 툭툭 던지듯 동원하는 비유는 경탄을 금하지 않을 수 없다. 당시 프랑스인이 왜 그의 소설에 마약처럼 빠져들 수밖에 없었는지를 짐작하고도 남는다. 1939년 9월, 프로이트 박사가 망명지인 런던에서 숨을 거두기 직전까지 읽은 책이 바로 《나귀 가죽》이었다.

"각양각색의 온갖 철학과 종교와 도덕이, 정부가, 그리고 인간의 위대한 모든 지적 활동이 시간의 낫처럼 긴 낫질 아래 추풍낙엽처럼 쓰러졌다."

"사랑은 바람과 같은 거야. 어디서 불어오는지 알 수 없지. 게다가

네가 짐승같이 거친 남자의 사랑을 받아본 적이 있었더라면 똑똑한 남자는 소름이 끼칠 텐데."

"도박꾼들 주위를 돌며 어슬렁거리는 사람들 사이를 뚫고 나는 마치 풀린 그물코 사이로 빠져 달아나는 뱀장어처럼 능란하게 미끄러지듯이 도박판 테이블로 달려갔어."

사람은 생명이 있는 한 욕망한다. '나귀 가죽'은 모든 욕망을 다 들어줄 수 있다. 그러나 그렇게 하면 생명은 끝난다. 다시 소설 속으로 들어가 보자. 발자크는 무절제, 타락, 방종에 대해 이렇게 썼다.

"이보게, 무절제는 모든 죽음의 여왕이야. 그것은 급작스런 뇌출혈을 불러오지 않던가? 뇌출혈은 절대로 빗나가지 않는 권총이야. 온갖 쾌락을 아낌없이 선사하는 통음난무는 싸게 구할 수 있는 아편 아니던가? 방탕은 우리를 폭음으로 몰아넣어 술과 치명적인 결투를 벌이도록 이끌지. 클래런스 공작이 선택한 말부아지 술통은 센 강의 진흙 뻘보다 더 풍미 있지 않은가? 우리가 술상 밑으로 쓰러질 때마다 주기적으로 조금씩 가스를 마셔 질식되는 셈이 아닌가!"

운명의 여인, 한스카 부인

발자크가 유명해지자 주위에 여자들이 모여들었다. 다브란테스 공작부인, 카스트리 후작부인⋯⋯. 그런데 이들은 발자크의 욕망을 채워주기에는 뭔가 조금씩 부족했다. 그가 상상 속에서 꿈꾸는 이상형은 돈 많고 아름다운 여인이었다. 발자크는 성공했지만 여유가 없었다. 하루 평균 14~15시간 글을 썼고, 나머지 시간을 잠자고 먹고 중요한 볼일을 보는 데 썼다. 이렇게 기계처럼 써대야만 빚을 조금씩 갚아

나갈 수 있었다.

유럽 각국에서 날아오는 팬레터만이 유일한 위안이
었다. 팬레터가 쌓이다 보니 어떤 경우는 편지를 뜯어
보지도 않은 채 옆으로 밀쳐놓는 경우도 많았다. 그러
던 어느 날, 러시아 우크라이나에서 날아온 편지가 있
었다. 편지의 주인공은 우크라이나 비에르초브니아 영
지에 사는 서른 살의 에바 폰 한스카. 그녀의 남편은
쉰다섯 살의 러시아계 폴란드 남작으로, 부모로부터
물려받은 영지와 그 안의 성을 관리하고 유지하는 게
직업이었다. 성 안에는 이슬람 양탄자, 중국 도자기 등
세계 각국의 값비싼 장식품들로 가득 차 있었다. 한스
카는 평범하지만 성실한 사람이었다. 폴란드 최고 귀
족 집안 출신인 에바 폰 한스카 부인은 프랑스어, 영
어, 독일어를 읽고 쓸 줄 알았으며 문화적 소양이 풍부
했다.

우크라이나는 6개월이 겨울이다. 영지는 반년 동안
눈으로 뒤덮인다. 눈으로 길이 끊기는 겨울에는 찾아
오는 손님조차 없다. 눈이 녹고 길이 뚫리는 봄이 되면

위 《인간 희극》 전집
표지
아래 《인간 희극》을 들
고 도망다니는 발자크.
베르탈의 1848년 삽화

키예프에서 열리는 무도회에 가는 게 이들의 유일한 즐거움이었다. 한
스카 부인의 입장에서 가장 괴로운 일은 무료함을 견디는 일이었다.
한스카의 유일한 낙은 파리에서 우편으로 오는 신문과 잡지였다. 한스
카의 관심은 오로지 서유럽이었다.

겨울 어느 날, 한스카는 발자크에게 편지를 보내며 작가의 호기심을
자극하기 위해 '모르는 신들'이라는 인장을 찍었다. 물론 편지는 프랑
스어로 썼다. 발자크는 편지에 우크라이나 소인이 찍혔다는 점에 주목

했다. 자기 책이 러시아어로 번역되었다는 것은 알고 있었지만 실제로 러시아에서 팬레터를 받게 될 줄은 상상도 못했다. 제정 러시아가 어떤 나라인가. 불과 20년 전인 1812년 나폴레옹은 러시아를 침공했다가 패주하지 않나? 그 러시아 대륙에서 팬레터가 오다니! 발자크는 속물적 감각으로 프랑스어로 편지를 보낸 이가 귀족 여성이라고 확신했다. 하지만 답장을 하고 싶어도 주소가 없어 보낼 방도가 없었다.

한스카 부인은, 같은 발신인 이름으로 답장은 기대하지도 않으니 받았다는 사실만이라도 알려달라는 내용의 편지 한 통을 더 보낸다. 신문광고 형식을 제안했다. 1833년 1월 8일에 한스카 부인은 신문 《코티지엔》 12월 9일자를 받아보았고, 광고란에서 다음과 같은 내용을 확인했다.

한스카 부인

"드 B.는 보내주신 것들을 잘 받았습니다. 그는 오늘에야 이 신문의 도움으로 그 사실을 알릴 수 있게 되었지요. 그리고 어떤 주소로 답장을 보내야 할지 몰라서 상당히 유감스럽게 생각하고 있습니다. E에게. H. de B."

그후로 한스카 부인과 발자크는 은밀한 편지 왕래를 시작한다. 손바닥만한 비예르초브니아에서 어떻게 이를 비밀로 할 수 있을까. 그녀는 가장 믿을 만한 사람인 가정교사 앙리에트 보렐을 수신자로 지정했다.

한 번 편지가 오고가려면 몇 개월은 기본이었다. 편지 왕래에 걸리는 시간이 오래 걸리는 만큼 상상과 감상은 마른 덤불에 붙은 불처럼 확타올랐다. 또다시 발자크 특유의 조급함과 무모함이 도졌다. 이름도 모르고 초상화도 본 적 없는 여인에게 그는 세 번째 편지에서 사랑을 고백했다.

"나는 당신을 사랑합니다. 모르는 여인이여! 이런 이상한 상태는 언제나 황량하고 불행했던 삶의 자연스런 결과일 뿐이지요. 이 모험이 누군가에게 일어나야 한다면 나야말로 그 사람입니다."

두 사람은 오랜 편지 교환 끝에 프랑스 국경과 인접한 스위스 뇌샤텔에서 소설보다 더 극적으로 만났다. 한스카는 발자크가 상상 속에서 꿈꿔오던 여인과 거의 일치했다. 미모와 품격과 교양을 모두 갖춘 여자였다. 발자크는 한시라도 빨리 사랑을 확인하고 싶었으나 한스카는, 소설가 발자크를 우연히 만난 것처럼 가장하여 남편과 가족에게 인사시켰다. 이 점을 보면 여자가 남자보다 훨씬 대범하고 침착하고 사려 깊다. 한스카 부인의 남편은 유명한 작가를 개인적으로 알게 된 것을 기뻐했고, 더 나아가 그에게 가족과 함께 지내자고 초청하기에 이른다.

발자크는 한스카 가족과 함께 5일 동안 어울리면서 겉으로는 웃고 있었지만 초조했다. 이러려고 나흘 밤낮을 마차에 시달리며 온 게 아닌데 하는 생각뿐이었다. 발자크가 남몰래 한스카를 만날 기회는 세 번밖에 없었다. 그것도 아주 짧게 키스를 한 게 전부였다. 파리로 돌아오는 덜컹거리는 합승마차 안에서 허황된 몽상가는 설레었다. 사랑을 나누지는 못했지만 입술을 훔쳤으니 말이다. 스위스인들 틈에 끼어 앉는 불편함 쯤이야 아무래도 상관없었다.

두 번째 만남은 12월 제네바에서 이뤄졌다. 한스카 부인은 발자크가 자기 가족과 어울릴 수 있는 기회를 자연스럽게 만들었다. 남편과

《고리오 영감》 삽화

가족은 그를 경배했다. 비에르초브니아 촌구석에서는 꿈에서조차 만나기 힘든 유명 인사가 아닌가. 남편은 눈곱만큼도 아내와 발자크의 관계를 의심하지 않았다. 발자크는 늘 하던 대로 자정부터 정오까지는 미친 듯 소설을 쓰고 오후 시간에 한스카를 만날 기회를 엿보았다. 마침내 4주째에 한스카가 남편 몰래 발자크의 호텔방을 찾아왔다. 발자크는 그토록 간절히 원한 여인과 사랑을 나눴다.

소설가는 영감과 에너지가 용솟음쳤다. 발자크는 불멸의 걸작으로 평가받는 《고리오 영감》을 40일 만에 완성했다. 그의 정신상태가 얼마나 고양되었는지를 엿볼 수 있는 대목이다. 《고리오 영감》에서 특히 눈여겨 볼 대목은 발자크가 인물들의 재등장 기법을 시도했다는 점이다. 발자크는 앞서 다른 소설에서 나왔던 인물을 같은 이름으로 재등장시켰다. 발자크의 《인간 희극》 연작에서 총 573명이 순환 등장한다.

발자크는 스스로를 남편 있는 여자의 '비밀 약혼자'라고 여겼다. 비밀 약혼자도 약혼자니 한시라도 빨리 한스카와 결혼하고 싶었다. 한스카와 결혼만 한다면 원고지 칸을 채워 돈을 버는 '갈레선의 노예' 신세에서 벗어날 수 있으련만. 한스카도 발자크를 사랑했다. 그러나 결혼은 달랐다. 한스카는 무모하게 달려드는 발자크와 달리 남편과 자식이 있었다. 한스카는 냉정하게 남편과 이혼하고 발자크와 결혼했을 경우 전개될 이해관계의 득실을 계산했다.

이탈리아 여행을 끝낸 한스카 일가는 겨울이 다가오자 빈으로 갔다. 봄꽃이 필 때까지 빈에서 머물다 러시아로 갈 요량이었다. 발자크는 그럴듯한 구실을 달아 빈으로 갔다. 그는 카시니 골목길 집을 걸어 잠근 뒤 중요한 집기들과 책들을 바타유 가 13번지 집으로 옮겨놓았다. 이 집은 과부가 된 귀족인 뒤랑 부인 이름으로 빌렸다. 바타유 가 13번지 집도 뒤쪽에 비밀 계단이 있었다. 그러나 한시도 빚쟁이 걱정을 하지 않은 날이 없던 천재적인 작가는 '뒤랑 부인의 집' 현관에 아무나 오지 못하게 3단계 암구호 잠금장치를 해놓았다. 이런 치밀함이 효과가 있었던 것 같다. 동시대 파리에서 근무한 집달리 중 발자크에 대한 압류명령을 받지 않은 사람이 거의 없었지만 집달리 중에서 발자크의 얼굴을 직접 대면한 사람은 한 명도 없었다. 집달리나 빚쟁이 입장에서 보면 발자크는 그물코를 빠져나가는 실뱀장어처럼 정말 손에 잡힐 듯하면서도 잡히지 않고 도망 다닌 것이다.

발자크는 계속 역마차를 빌려 타는 게 자존심이 상한다고 생각해 자가용 여행마차를 주문했다. 제복 입은 하인도 고용했다. 합스부르크 제국의 수도 빈까지의 여행 경비가 1만 5,000프랑이 들었지만 한스카와 결혼만 하면 이까짓 돈쯤이야 아무것도 아니었다. 그는 조끼에 황금 단추를 달고 자가용 전용

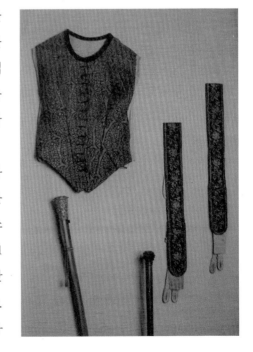

발자크의 조끼와 멜빵,
터키옥이 박힌 지팡이

마차를 이용해 빈에 도착했지만 그의 귀족 행세를 주목하는 사람은 거의 없었다. 이미 그는 엉터리 귀족 행세를 할 필요가 없을 만큼 유명 인사가 되어 있었던 것이다. '철의 재상'으로 불리던 메테르니히가 그를 서둘러 초대했을 정도였으니 말이다. 그러나 약혼자를 품으려 빚을 내어 빈에 달려갔지만 약혼자를 제대로 만나보지도 못한 채 빈털터리로 파리로 돌아와야 했다. 빈에서의 만남 이후로 두 사람은 7년간 연락이 끊긴다.

글 감옥에 갇혀

1836년 7월 27일 베르니 부인이 눈을 감았다. 발자크가 한스카와 연애행각을 벌이느라 빌린 돈을 펑펑 써대며 오스트리아, 스위스, 이탈리아를 여행하던 때였다. 지금의 그를 있게 했고, 언제나 그의 편이 되어 감싸주고 사랑을 베풀어준 베르니 부인의 죽음은 그에게 큰 충격이었다. 건강도 예전 같지 않았다. 어지럼증이 자주 나타났다. 뭔가 건강이 좋지 않다는 신호였다. 한번 잠에 떨어지면 꼭 죽은 사람처럼 잤다. 뜬금없이 기습하는 위통을 겪고 나면 견딜 수 없는 피로가 엄습했다.

자정부터 정오까지 글 감옥에 스스로를 유폐시킨 지 어언 17년. 수십만 장의 원고지와 50만 장의 교정쇄. 7년 전, 10만 프랑의 빚을 진 이후 쓴 소설만 30편이 넘었다. 그런데 무엇이 달라졌나? 빚은 줄어들지 않고 늘어만 갔다. 그는 3개월간 오스트리아와 이탈리아를 여행한 후 파리로 돌아왔지만 두려움이 엄습했다.

이때 비스콩티 백작부인이 그에게 손을 내밀었다. 비스콩티 백작부인은 대담하게도 샹젤리제 대로 54번지에 있는 자신의 아파트로 들어오게 했다. 이 아파트는 비스콩티 부인의 살롱을 겸하고 있었다. 발자크는 아파트 밖으로 나가지 못하는 것은 말할 것도 없고 거실로 나와서도 안 되었다. 마치 2차 세계대전 중 암스테르담 다락방의 안네 프랑크처럼 커튼 뒤로 몸을 숨긴 채 파리 시가지를 구경해야만 했다. 이런 수도승 생활이라면 누구보다 이력이 난 발자크였다.

《세자르 비로토》 삽화

샹젤리제 대로 54번지 아파트에서 그는 《세자르 비로토》를 비롯한 여러 작품을 완성했다. 그 중에는 베네치아를 배경으로 한 단편소설 《마시밀라 도니》도 있었다. 괴테를 비롯해 얼마나 많은 작가들이 베네치아를 여행하며 글을 썼겠는가. 슈테판 츠바이크는 《마시밀라 도니》에 대해 이렇게 평했다.

"딱 한 번 보고서 어떻게 그렇게 재빨리 본질적인 것을 받아들일 수 있는지, 이탈리아 말이라고는 부스러기 몇 마디밖에 하지 못하는 사람이 이탈리아의 정신과 귀족적인 감각성을 어떻게 그렇게 의인화하고 순화할 수 있는지 이해하기 어렵다. 발자크에게 바라보는 것은 곧 꿰뚫는 것이며, 배우지 않고도 알고, 마법을 통해 알게 된다는 사실을 다시 한 번 깨닫게 된다."

지하철 1호선 '프랭클린 D. 루스벨트' 역으로 향한다. 혹시 지하철 안내방송에서 '프랭클린 D. 루스벨트'라고 발음할 거라고 기대하지는 말자. 프랑스어를 못하는 사람은 거의 알아듣지 못한다. 지하철역에서 나와 몇 걸음 올라가면 샹젤리제 대로 54번지가 나온다. 건물 외관부터 한눈에도 고급 주상복합 아파트임을 알 수 있다.

1830년대나 지금이나 샹젤리제 대로 54번지 앞길은 사람들로 분주하다. 1층에는 갤러리, 부티크숍 등이 입주해 있다. 널찍한 보도에 서서 발자크를 숨겨주었던 비스콩티 백작부인의 아파트를 올려다보았다. 발자크는 몇 층에 숨어서 지냈을까. 샹젤리제 대로의 한복판에 숨어 있는 걸 어느 누가 짐작이나 했을까. 54번지 아파트를 보다 왼쪽으로 시선을 돌리니 가로수 사이로 개선문이 보인다.

발자크가 샹젤리제 대로 아파트에 은신하기 1년 전인 1836년 개선문이 완공됐다. 1806년 나폴레옹의 지시로 건축을 시작했지만 나폴레옹이 세인트헬레나 섬에서 눈을 감은 뒤에야 준공된 개선문이다. 샹젤리제 대로는 그때 이미 현재와 같은 모습을 갖췄다.

샹젤리제 대로에 있는 비스콩티 백작부인의 아파트

발자크는 어둠이 내리면 아파트 창문을 열고 고개를 내밀어 개선문을 보았다. 샹젤리제 대로는 양쪽 보도가 차도보다 넓은, 세계에서 유일한 거리다. 샹젤리제 대로를 처음 와본 사람은 넓은 보도를 보고 깜짝 놀란다. 프랑스는 1782년 세계에서 처음으로 보도를 만든 나라다. 그 전까지 사람과 마차는 아무런 구분 없이 도로를 공용했다. 샹젤리제 대로는 다니엘 비달의 노래 〈오 샹젤리제〉로 인해 세계인의 로망이 되었다. 이 노랫말처럼 열 사람이 손잡고 걸어도 샹젤리제 보도는 남고도 남는다. 아니, 서른 명이

차도보다 인도가 넓은
샹젤리제 대로

손잡고 걸어도 될 정도이다.

우리의 발자크는 이 화려한 거리를 한 번도 마음 편히 걸어본 적이 없다. 언제나 창문 커튼 사이로 내려다보고, 어둠이 내린 뒤에야 도둑고 양이처럼 걸어볼 수 있었다.

비밀 은신처는 오래 가지 못한다. 비스콩티 백작부인이 발자크를 독점하고 있다는 사실이 또 다른 귀족부인의 귀에 들어갔다. 질투심에 사로잡힌 이 귀족부인은 경찰에 신고하기에 이른다. 이 주상복합 아파트로 경찰이 집달리와 함께 들이닥쳤다. 채무자 감옥으로 가느냐, 아니면 빚을 갚느냐. 이 절체절명의 순간, 이번에도 그를 구원한 이는 비스콩티 백작부인이었다. 만기로 돌아온 어음을 비스콩티 부인이 갚아주었다. 소설가는 채무자 감옥에 들어가는 망신을 가까스로 면했다.

무명의 스탕달을 발굴하다

스탕달

발자크가 샹젤리제 대로 54번지 아파트 은둔 시절에 쓴 《세자르 비로토》는 원고료로 2만 프랑을 받아 당시 최고의 원고료를 기록한다. 이미 프랑스에서 최고 인기작가 반열에 오른 그였으니 원고료는 부르는 게 값이었다. 작업 속도에 맞춰 계획적으로만 쓴다면 매년 6~10만 프랑의 수입도 얼마든지 가능했다. 그렇게 2년만 지속하면 빚도 다 청산할 수 있었다.

모든 작가와 예술가는 독립적인 창작 공간을 꿈꾼다. 자신을 세속으로부터 고립시키며 자연에 개방하는 그런 공간. 도심에서 적당한 거리를 두어 필요한 사람만 방문을 허용하는 공간. 여름마다 지인들의 별장을 전전하는 일은 이제 신물이 났다. 그는 베르사유 근처에 별장을 지으려 땅을 사들였다. 이것으로 끝났으면 아무 일이 없었을 것이다. 여기서 또다시 몹쓸 일확천금의 욕망이 코브라처럼 고개를 쳐들었다. 지금까지 그를 빚의 수렁에 빠지게 했던, 어리석은 상상력과 초조함이 빚어낸 과대망상 말이다.

그는 별장 부지를 매입한 후 무슨 바람이 불어 부동산 개발에 뛰어들었다가 폭삭 망한다. 또다시 솔깃한 말에 현혹되어 은광산에 투자했다가 처참하게 고꾸라진다. 일인 잡지로 창간한 《르뷔 파리지엥》 역시 보기 좋게 기대를 외면했다. 우리는 이런 발자크를 도무지 이해하기 어렵다. 이 지점에서 발자크의 심층심리를 꿰뚫어본 슈테판 츠바이크의 해석을 들어보자.

"발자크의 생애에서는, 예술작품에서 모든 상황을 빈틈없는 눈길로 조망하고 꿰뚫어보던 그 두뇌가, 현실에서는 어린애처럼 잘 믿고 순진하기 짝이 없어진다는 이 역설적인 현상이 징그러울 정도로 정확하게 되풀이된다. (……) 발자크의 후각은 언제나 옳았다. 그러나 이 후각은 언제나 예술가로서의 그에게만 호의적이었고, 자신의 영역을 넘어서려고만 하면 언제나 그를 잘못 인도하였다. 발자크가 자신의 환상을 작업으로 바꾸면 그 환상은 그에게 수십만금과 그밖에도 불멸의 작품을 만들어주었다. 그러나 그가 환상을 돈으로 바꾸려고만 하면 빚만 쌓이고, 그 결과 수십 배, 수백 배의 노동이 대가로 돌아왔다."

《르뷔 파리지엥》 창간은 언론 사업으로는 실패였지만 문학사적으로 보면 실패가 아니었다. 일인 잡지의 발행인 겸 편집인을 겸하고 있던 발자크는 자기 마음대로 잡지를 만들었다. 발자크는 스탕달의 데뷔작 《파르마의 브뤼노파 수도원》를 읽고 그에 대해 극찬하는 글을 잡지에 실었다. 현직 외교관이었던 '마리 앙리 베일'은 스탕달이라는 필명으로 작품을 발표했고, 발자크는 오로지 작품만을 보고 호평했다. 실제로 스탕달의 대표작 《적과 흑》은 그의 생전에는 제대로 평가를 받지 못했다. 발자크 같은

몽마르트 공동묘지의
스탕달 묘

소설가가 무명작가의 작품을 극찬한다는 것은 매우 드문 사례다. 발자크는 이렇게 평했다.

"이 위대한 작품은 쉰 살 먹은 사람이 그 나이의 힘을 다해서, 그리고 모든 재능이 성숙한 상태에서 구상하고 쓸 수 있는 작품이다."

스탕달의 데뷔작은 아무도 거들떠보지 않았다. 심지어는 혹평의 대상조차 되지 못했다. 차라리 비판도 눈물겹도록 고마울 때가 있다. 작가에게 가장 처참한 때는 아무도 관심을 갖지 않는 것이다. 스탕달이 우연히 발자크의 평론을 접하고 감격해서 쓴 편지를 보면 스탕달의 마음이 절절하게 전해져 온다.

"그것은 놀라움이었습니다. 어젯밤에 말이죠, 선생님. 제 생각에는 어떤 작가에 대해 잡지에서 그런 식으로 논의된 적은 없었습니다. 그런데 이 문제에 대해 최고의 재판관이신 분이 그렇게 말씀하시다니요. 선생님은 길거리에 버려진 고아를 보살펴주셨습니다."

꿈에 드리던 결혼, 그러나

1842년 새해가 시작되었다. 그는 실의 속에서 새해를 맞았다. 나이 마흔세 살이었지만 결혼도 하지 못했고 속빈 강정처럼 아무것도 이룬 게 없다고 여겨졌다. 명성은 얻었지만 빚도 명성에 비례했다. 죽었다 깨어나도 갚지 못할 빚 20만 프랑.

1842년 1월 5일 오전이었다. 레이누아르 길 47번지 집에서 항용 그래온 것처럼 밤을 꼬박 새고 아침식사를 하려 책상에서 일어났다. 거실에서 인기척을 느낀 하인이 편지 꾸러미를 들고 문을 열었다. 편지 꾸러미 중에는 검정 테두리를 한 편지가 보였다. 한스카 부인이 보낸 남편의 부고장이었다.

발자크는 7년간 한스카 부인과 이도저도 아닌 뜨뜻미지근한 관계를 유지하고 있었다. 그런 한스카가 과부가 되어 백만장자의 상속녀가 되었다. 20년 이상 고대해 온 '고도'가 눈앞에 다가오는 순간이었다. 그러나 두 사람의 관계는 대등하지 않았다. 대작가는 처음부터 작정하고 예속적 관계를 자청했다. 한스카는 '금수저'로 태어난 귀족답게 자기 비위를 맞추며 철저히 복종하는 사랑을 요구했다. 한스카는 망설이고 또 망설였다. 그렇게 시간이 흘렀다.

1845년 한스카로부터 보고 싶다는 편지가 왔다. 그는 즉각 쓰던 원고를 중단한 채, 연인이 기다리는 독일 드레스덴으로 갔다. 그곳에서 그는 연인과 함께 문화생활을 만끽하며 부유한 쾌락을 즐겼다.

한스카와 가족 일행은 발자크의 권유로 파리를 여행하기로 했다. 파리지엥 중 누가 발자크만큼 파리를 설명할 수 있을까. 두 사람은 고향 투르를 포함해 프랑스 이곳저곳을 둘러본 다음 이탈리아를 여행했다. 귀족 애인과 나폴리를 여행하고 싶다는, 오랜 꿈이 마침내 이뤄졌다.

1846년 발자크는 한스카와 결혼 준비로 바쁜 나날을 보낸다. 마흔다섯의 한스카는 발자크의 아이를 임신해 드레스덴에서 딸을 출산했지만 딸은 곧 숨지고 만다. 발자크는 신혼생활을 할 집으로 포르튀네 가에 있는 저택을 구입했다. 한스카 부인과의 행복한 삶을 꿈꾸며 골동품 가게를 드나들며 장식품을 사들였다.

한스카는 파리로 와 포르튀네 가의 저택에서 2개월 반을 지냈다. 가을에는 발자크가 비에르초브니아로 찾아가 한스카 부인과 함께 4개월여를 함께 보냈다. 1848년 1월, 영하 20도가 넘는 추위 속에 그는 마차를 타고 혼자 파리로 돌아와야만 했다. 러시아 태생이 아닌 사람은 그 누구도 러시아의 추위를 견디지 못한다. 발자크는 병든 몸으로 모피 외투 한 벌에 의지해 추위를 견뎌야 했다. 파리로 돌아오는 과정에서 발자크는 기관지와 심장에 심각한 타격을 입었다. 그럼에도 그는 1849년에도 우크라이나로 가 1년간 비예르초브니아에서 한스카와 지낸다. 그의 심장질환은 러시아의 혹독한 겨울 속에서 치명적으로 악화된다.

발자크의 건강은 최악으로 치달았다. 심장과 폐는 더 나빠져 정상적인 생활이 불가능했고 시력도 떨어졌다. 류머티즘으로 짧은 편지를 쓰는 것도 힘들었다. 한스카는 결혼을 더 이상 미룰 수가 없었다.

1850년 3월, 두 사람은 우크라이나 주도 베르디체프에 있는 성 바르바라 교회에서 조촐한 결혼식을 올렸다. 우크라이나의 3월은 여전히 겨울이고, 오전 7시면 사위가 여전히 캄캄할 때다. 위대한 프랑스 작가와 러시아 귀족부인의 결혼은 외부에 알려지지 않았다.

마침내 모든 것이 이뤄졌다. 한스카를 안 때가 1830년이고 결혼한 게 1850년. 장장 20년 동안 발자크는 414통의 구애 편지를 한스카에게 보

포르튀네 가의
발자크 신혼집

냈다. 쪽수로는 1,900장에 달했다. 그토록 간절하게 원했던 한스카를 아내로 맞아 파리로 데려왔다. 마침내 돈 걱정에서 해방되었다. 이젠 쓰고 싶은 글만 쓰면서 귀족다운, 품위 있는 생활을 즐기기만 하면 된다.

현실은 어땠을까. 자신의 집을 살롱으로 만들려던 꿈은 산산이 부서졌다. 폐렴으로 말 한 마디 하는 것조차 힘들었다. 발자크는 포르튀네 가 집에서 단 한 줄의 소설도 쓰지 못했다. 두 눈이 완전히 멀어버린 것이다. 그는 거의 대부분의 시간을 누워서 지내야 했다. 한스카를 비롯한 모든 사람이 발자크가 얼마 남지 않았다는 것을 알았다. 그런 남편을 아내는 냉정하게 관찰했다. 딸에게 보낸 편지에서 이렇게 썼다.

"빌보케(발자크의 애칭)는 여기서 상태가 더 나빠졌어. 전보다 훨씬 나쁘다. 그는 걷지도 못하고 계속 기절하곤 해."

주치의는 그에게 진통제와 흥분제만을 처방했다. 말년에 그와 가깝게 지낸 위고는 발자크가 죽어간다는 소식을 듣고는 한 달 동안 거의 매일 포르튀네 저택을 찾았다. 위고와 발자크는 동시대를 살면서 각기 독자적인 소설의 성(城)을 축조했다. 워낙 출발점이 달랐던 두 사람은 소설가로 명성을 얻고도 만날 기회가 없었다. 그러나 위고는 누구보다도 발자크의 천재성과 위대함을 일찍부터 알아보았다. 위고는 눈동자만 겨우 움직이는 작가를 물끄러미 내려다보았다. 발자크는 매일같이 자신을 찾아와준 위고에 대한 고마움을 눈동자를 움직이는 것으로 표현했다. 소설가 위고가 발자크의 마지막 침대를 찾아왔다는 것은 인류에게 얼마나 큰 축복인가. 위고는 훗날 자신의 회고록에 발자크의 마지막 모습을 이렇게 남겼다.

발자크는 머리를 엄청난 부피의 쿠션에 파묻은 채 이 침대에 누워 있었다. 그의 얼굴은 보라색, 아니 거의 검은색이었고 오른쪽을 향하고 있었으며 수염은 깎지 않고 백발은 짧게 깎여 있었다. 눈은 멍하니 뜬 모습이었다. 그의 옆얼굴을 보았다. 그는 황제와 닮았다.

간호사가 말했다. "동틀 무렵 돌아가실 거예요."

나는 내려가면서 이 창백한 얼굴을 기억 속에 새겨넣었다. 살롱을 지나가면서 흉상을 다시 보았다. 움직이지 않고 느낌도 없고 숭고하고 말할 수 없는 광채로 빛나는 그 모습을. 그리고 나는 죽음과 불멸 두 가지를 비교하지 않을 수 없었다.

위고가 아니었으면 거인의 마지막을 누가 이처럼 그려낼 수 있을 것인가. 오노레 드 발자크는 1850년 8월 18일 11시 30분에 눈을 감았다.

발자크가 지극정성으로 꾸민 포르튀네 가 신혼집. 이곳은 인간 욕망이 응축된 공간이었다. 그러나 신은 위대한 작가가 그토록 갈망했던 욕망을 채우려는 순간 그를 태어난 곳으로 데려갔다. 발자크 자신이 소설 《나귀 가죽》의 주인공이 되어버린 것이다.

포르튀네 가는 현재 발자크 가로 이름이 바뀌었다. 지하철 1호선을 타고 '샤를 드골 에투알'에서 내린다. 개선문에서 뻗어나간 12개의 도로 중 '프리들랑' 가로 방향을 잡는다. 신혼집이지만 신혼의 달콤함과 허

위 발자크 길에 발자크가 숨진 곳이라는 플라크가 보인다.
아래 발자크 길 표지판

망함으로 상징되는 공간. 이 집을 찾아가면서 뭔가 특
별한 표시가 있을 것이라고 확신했다. 위대한 작가가 일
생을 걸고 장만한 집이 아닌가. 2~3분 걸으니 오른편에
'발자크 브라스리'라고 쓰인 차양막이 보인다. 제대로 왔다는 표시다.
공터에 동상이 보였다. 역시 발자크였다.

신부 한스카를 맞아들였던 저택의 문은 굳게 닫혀 있었다. 높은 담
장으로 인해 저택은 지붕만 겨우 보여줄 뿐이었다. 정문에 '시 소유 건
물'이라는 안내문이 붙어 있다. 발자크 길은 짧았다. 암갈색 돌로 쌓아
올린 담장은 성벽처럼 높았다. 빙 둘러보았다. 파리 시내 한복판에 있
는 집이라는 점을 감안하면 꽤 넓은 공간이었다. 플라크는 정문 반대
쪽에 있었다. "《인간 희극》의 작가 발자크가 이곳에서 눈을 감았다."

이번에는 레이누아르 길 47번지 집으로 가본다. 이 집은 현재 박물
관 '메종 드 발자크(Maison de Balzac)'로 운영된다. 지하철 6호선 파시

발자크의 책상과 의자

역에서 내려 완만한 내리막인 레이누아르 길을 따라 조금 걸어야 한다. '메종 드 발자크'는 파시 역과 라디오 프랑스 박물관의 중간쯤에 있다. 이 길에서 첫 번째로 만나는 게 와인 박물관이다. 와인 박물관을 지나 레이누아르 길을 걸어내려 간다. 아래로는 센 강이 흐른다. 센 강에서 보면 이 길은 높은 언덕길이다.

센 강과 평행을 이루는 레이누아르 길을 걷다 보면 47번지가 보인다. 벽면에 '메종 드 발자크'라는 현판이 붙어 있다. 문을 열고 들어가면 축대 계단이 나온다. 집은 8~9미터쯤 되는 계단 아래에 있다. 작은 마당이 있는 평범한 집이다. 발자크는 이 집에서 '브뤼뇰'이라는 가명으로 생활했다. 정문은 방금 내려온 대로 레이누아르 길로 나 있다. 그러나 발자크는 집 뒤편의 베르통 골목길로 빠져나가는 비밀 통로를 만들어두었다. 정문 쪽에서 초대받지 않은 방문자가 보이면 베르통 골목길로 도주하곤 했다.

'메종 드 발자크'에서 가장 눈에 띄는 건 한스카의 방을 별도로 꾸며놓았다는 점이다. 물론 한스카는 이 집에서 단 하루도 산 적이 없고 와 본 적도 없다. 나는 발자크의 '작은 책상'이 보고 싶었다. 발자크는 이 집에서 《사촌 베트》를 위시한 여러 대표작들을 썼다.

발자크의 집필실은 소박하고 단출했다. 아무런 장식도 없는 네모난 작은 나무책상! 발자크는 이 책상을 어떤 보물보다도 애지중지했다. 발자크는 빚쟁이를 피해 야반도주할 때나 가재도구가 경매에 넘어갔을 때에도 이 책상만큼은 반드시 가지고 다녔다. 책상 앞에는 나폴레옹 흉상이 있다. 기필코 문학의 나폴레옹이 되겠다고 다짐하던, 그 석고상이다.

끝이 아닌 시작

장례식은 8월 21일 생필립 교회에서 치러졌다. 장지는 페르 라셰즈 묘지. 발자크의 소설을 읽어본 사람은 '페르 라셰즈' 묘지가 여러 곳에 등장한다는 사실을 기억할 것이다. 관을 싼 관포(棺袍)는 빅토르 위고, 알렉상드르 뒤마, 생트뵈브, 바로슈 문화부장관 네 사람이 각각 귀퉁이를 잡았다. 검정색 상복을 입은 한스카 부인이 봉송되는 관 뒤를 따랐다. 빅토르 위고가 안주머니에서 조사(弔辭)를 쓴 종이를 꺼냈다. 이 조사는 훗날 역사상 가장 위대한 조사의 하나로 기록된다.

발자크의 묘지

지하철 3호선을 타고 페르 라셰즈 묘지로 간다. 역사를 나와 높다란 담장을 따라 150여 미터 걷는다. 페르 라셰즈 묘지는 파리 상류층이 묻히는 공간이다. 파리 시내 곳곳에 산재한 묘지 중에서 규모가 가장 크고 오래되었다. 1803년에 공원묘지로 문을 연 이래 여러 번 확장 공사를 통해 현재

위 **한스카 부인의 이름이 보인다.**
아래 **발자크 묘 기념상 기단에 꽂혀 있는 메모들**

의 모습이 되었다. 반원형으로 설계된 정문을 통과하니 왼편에 묘지 안내판이 보였다. 작가, 예술가, 정치가, 사업가 등 주요 인물들의 이름을 알파벳 순서로 표기했고, 그 옆에 묘지 위치를 표시했다.

묘지는 평지에서 언덕 경사를 따라 조성되었다. 언덕 위에 서면 파리 시내가 발 아래로 펼쳐진다. 발자크 묘는 48구역이 시작하는 모서리 부분에 있어 누구나 찾기 쉽다. 비바람 몰아치는 궂은 날이 아니라면 최소한 한두 명은 서 있는 곳이다.

발자크 묘와 첫 대면하는 순간 나는 울컥했다. 발자크의 두상은 윤기가 흐르는 30대 초반의 모습이었다. 문학의 나폴레옹이 되겠다는 시절로 눈빛이 형형했다.

기단 아래쪽에 음각되어 있는 이름이 눈에 들어왔다. 분명 'HANSKA'였다. 발자크 부인 한스카는 남편 사망 후 32년을 더 살았다. 한스카는 남편이 죽자 배우자로 모든 유산을 상속받았다. 원고, 유품, 저작권 등. 이후 한스카는 '발자크 부인'으로 살았다. 파리 사교계의 별로 등극해 명예와 쾌락을 누렸다. 무덤 옆에는 어느 독자가 쓴 메모가 꽂혀 있었다. "인생은 인간 희극이다. 당신은 이 희극의 작가이자 창조자이자 주인이었다."

나는 쉬이 발자크 곁을 떠날 수 없었다. 1850년 8월 21일 이 자리에서 낭독한 위고의 조사가 생각났다. 위고는 그날 48구역에 모여든 수 많은 추모객들 앞에서 직접 쓴 조사를 천천히 읽어 내려갔다. 여기, 위고의 조사 일부를 소개한다.

그의 죽음은 프랑스를 놀라게 했습니다. 몇 달 전에 그는 이곳으로 돌아왔습니다. 죽음이 가까웠음을 느꼈기에 그는 조국을 다시 보고자 했던 것입니다. 긴 여행을 떠나기 전날 밤에 마치 어머니를 포옹하려고 찾아온 것처럼 말입니다. 그의 생애는 짧았으나 충만했습니다. 날짜보다는 작품이 더욱 풍부한 생애였지요. 아, 이 강력하고 절대로 지치지 않는 노동자, 이 철학자, 이 사상가, 이 시인, 이 천재는 우리들 사이에서 위대한 사람에게 주어진 운명대로 태풍과 투쟁으로 가득 찬 삶을 살았습니다. (……) 섭리께서는 자신이 하는 일을 알고 계십니다. (……) 고귀한 정신이 장엄하게 다른 삶으로 돌아가면, 오랫동안 대중 위에서 눈에 보이는 천재의 날개로 날아다니던 존재가 갑자기 우리가 볼 수 없는 또 다른 날개를 펼치면, 진지하고 성스러운 생각들이 모든 마음을 가득 채울 수 있겠지요.

아닙니다. 이것은 몰랐던 일이 아닙니다! 나는 이것을 다른 고통스런 기회에 벌써 말한 적이 있습니다. 그리고 앞으로도 그 말을 지치지 않고 되풀이할 것입니다. 그것은 밤이 아니라 빛입니다. 그것은 허무가 아니라 영원입니다. 그것은 끝이 아니라 시작입니다.

졸라,
프랑스의 양심

1840~1902

Emile Zola

영화 〈빠삐용〉과 시인 구상

나는 청춘 시절 에밀 졸라를 읽지 못했다. 내가 대학에서 불문학을 공부했다거나 소설가를 꿈꾸며 습작을 했다면 아마도 에밀 졸라를 접했을 가능성이 높다. 내가 20대 초에 에밀 졸라와 만나지 못한 것은, 아무래도 기회가 없었다고 하는 것이 가장 적절할 것 같다. 여기서 '에밀 졸라'는 그의 대표작《목로주점》을 말한다. 물론 불문학계에서는《목로주점》외에도《나나》,《제르미날》을 그의 대표작에 포함시킨다.

내가 에밀 졸라에 관심을 갖게 된 것은 20대 후반, 신문기자 생활을 막 시작할 즈음이었다. 수많은 직업 중에 돈 버는 일과 거리가 먼 기자가 되려는 사람은 한 가지 공통점이 있을 것이다. 그것은 양심과 정의라는 문제에 대해, 적어도 다른 직업을 선택하는 사람들보다는 많은 고민을 해왔다는 점이 아닐까. 그때 에밀 졸라는 내게 '나는 고발한다'를 쓴 프랑스의 양심적 지성으로 다가왔다. 누명을 쓴 채 감옥에 갇힌 드레퓌스 대위! 인간의 존엄성을 짓밟는 거대권력 앞에 다수가 침묵의 카르텔을 형성하는 가운데 양심이 시키는 대로 진실의 목소리를 낸 단한 사람, 그가 에밀 졸라였다.

에밀 졸라는, 사실 한국인의 문화생활에 오래 전부터 침투해 있었다. 내가 침투해 있었다고 표현한 까닭은, 매우 높은 수준의 교양과 지성을 갖추지 않은 사람은 그 사실을 알아차리기 힘들기 때문이다. 나는 깨닫지 못한 다수에 포함된다.

탈옥 영화는 시대를 초월한 인기 장르다. 나의 주관적인 판단으로 탈옥영화의 3대 걸작은 〈빠삐용〉(1973년), 〈쇼생크 탈출〉(1995년), 〈대탈주〉(1963년)이다. 세 영화는 모두 실화를 바탕으로 제작된 영화라는 공통점이 있다. 이 중 탈옥 영화의 고전 반열에 오르는 것은 〈빠삐용〉이다. 프랑스어로 '나비'를 뜻하는 '빠삐용'이 한국 영화 팬을 만난 것은 1974

영화 〈빠삐용〉 포스터

년이었다.

영화 〈빠삐용〉은 앙리 샤리엘이라는 프랑스인의 탈옥수기 〈빠삐용〉을 바탕으로 제작되었다. 그 뒤로 〈빠삐용〉은, 텔레비전 주말의 명화가 텔레비전 앞으로 일가족을 모으던 시절인 1970~1980년대에 한약방의 감초처럼 방영되곤 했다. 나 역시 텔레비전, 비디오, DVD로 〈빠삐용〉을 여러 번 감상했다. 그런데도 나는 〈빠삐용〉에서 에밀 졸라를 발견하지 못했다. 그것은 전적으로 나의 아둔함 탓이다.

내가 〈빠삐용〉과 에밀 졸라 사이에 연결되어 있는 한 가닥의 실을 발견한 것은 최근의 일이다. 에밀 졸라의 대표작들을 섭렵한 뒤 드레퓌스 대위 관련 자료를 찾던 중에 우연히 시인 구상(具常, 1919~2004)이

1984년 드레퓌스를 주제로 시를 썼다는 사실을 알게 되었다. 그것은
〈드레퓌스의 벤치에서 — 도형수 짱의 고백〉이었다. 나는 이 시를 읽고
기쁨의 비명을 질렀다. 조금 과장하여 말하면, 아르키메데스가 목욕탕
에서 부력의 원리를 발견하고 '유레카'라고 소리치며 알몸으로 뛰쳐나
온 그 심정과 흡사하리라. 여기서 구상 시인의 〈드레퓌스의 벤치에서〉
를 감상해 보자.

빠삐용

이제 밤바다는 설레는 어둠뿐이지만 코코야자 자루에 실려 멀어져간 자네
모습이야 내가 죽어 저승에 간들 어찌 잊혀질 건가!

빠삐용!

내가 자네와 함께 떠나지 않은 것은 그까짓 간수들에게 발각되어 치도구
니를 당한다거나, 상어나 돌고래들에게 먹혀 바다귀신이 된다거나, 아니면
아홉 번째인 자네의 탈주가 또 실패하여 함께 되옭혀 올 것을 겁내고 무서
위해서가 결코 아닐세.

빠삐용!

내가 자네를 떠나보내기 전에 이 말만은 차마 못했네만 가령 우리가 함께
무사히 대륙에 닿아 자네가 그리 그리던 자유를 주고, 반가이 맞아주는 복
지(福地)가 있다손, 나는 우리에게 새 삶이 없다는 것을 알게 되었단 말일
세. 이 세상은 어디를 가나 감옥이고 모든 인간은 너나 없이 도형수(徒刑
囚)임을 나는 깨달았단 말일세.

이 '죽음의 섬'을 지키는 간수의 사나운 눈초리를 받으며 우리 큰 감방의 형
편없이 위험한 건달패들과 어울리면서 나의 소임인 200마리의 돼지를 기르
고 사는 것이 딴 세상 생활보다 좋지도 나쁘지도 않다는 것을 터득했단 말
일세.

빠삐용!

그래서 자네가 찾아서 떠나는 자유도 나에게는 속박으로 보이는 걸세. 이 세상에는 보이거나 보이지 않거나 창살과 쇠사슬이 없는 땅은 없고, 오직 좁으나 넓으나 그 우리 속을 자신의 삶의 영토로 삼고 여러 모양의 밧줄을 자신의 연모로 변질시킬 자유만이 있단 말일세.

빠삐용!

이것을 알고 난 나는 자네마저 홀로 보내고 이렇듯 외로운 걸세.

나는 구상의 시를 읽고는 오랜 시간 가슴이 울렁거렸다. 그날 저녁 DVD 서가 구석에 박혀 있는 〈빠삐용〉을 다시 꺼냈다. 나는 빠삐용이 '악마의 섬'으로 보내지는 장면부터 다시 보았다. 구상의 시에 언급되는 '드레퓌스 벤치'는 어떻게 그려지고 있을까.

〈빠삐용〉은 러닝타임이 150분이다. 빠삐용이 거듭된 탈옥 실패 끝에 악마의 섬에 도착한 직후, 그는 간수들로부터 "여기서는 상어와 조수(潮水)가 경비를 서지"라는 말을 듣고는 절벽으로 다가가 망망대해를 바라본다. DVD 시간으로 보면 130분쯤에 해당한다. 빠삐용은 무심코 망망대해를 전망하는, 바위 조각들로 만든 벤치에 앉는다. 그때 어떤 남자가 다가와 그에게 말을 건다.

"누가 이 벤치에 앉으라고 했어?"

"아무도."

그러자 그 노인은 이렇게 말한다.

"이 벤치는 드레퓌스 대위의 벤치란 말이야."

영화에서는 드레퓌스 벤치가 두 번 나온다. 한 번은 앞서 언급한 대로 처음 섬에 도착했을 때이고, 다른 한 번은 빠삐용이 조수를 이용한 탈출 방법을 착안해 냈을 때이다.

영화 〈빠삐용〉 속 한 장면. 노인이 빠삐용에게 드레퓌스 의자를 가리키고 있다.

시인은 위대하다. 대다수의 영화 팬들이 무심코 지나쳤을 그 대목에서 시인은 드가(짱)의 마음속에 들어가 삶의 본질을 꿰뚫었으니. 인간은 끝없이 자유를 추구하지만 인간은 본질적으로 삶에 속박될 수밖에 없다는 진리를.

에밀 졸라가 '나는 고발한다'를 신문에 기고한 것은 1898년 1월 13일. 프랑스 언론 사상 가장 유명한 기고문으로 평가받는 '나는 고발한다'는 '펠릭스 포르 대통령에게 보내는 편지'라는 부제를 달고 있다. '나는 고발한다'는 다른 말로 하면, 드레퓌스 대위의 무죄를 주장하는 재심 탄원서다.

에밀 졸라가 '나는 고발한다'를 쓸 때 그의 나이는 쉰여덟 살. 사람은 대체로 나이가 들수록 보수적으로 변하는 경향이 있다. 노안으로 눈이 침침해지면서 역설적으로 눈 밝을 때 보지 못하던 것들을 하나둘씩 보게 된다. 세상사의 명암과 인간성의 선악을 살펴볼 줄 알게 되면서 모든 일에 신중해지고 급격한 변화를 싫어하게 된다. 모험과 도전을 피하려는 경향이 생기고 가급적 논란의 중심에 휘말리고 싶어 하지 않는다.

작가로서 모든 영예를 누리던 쉰여덟 살의 에밀 졸라는 왜 스스로 논란의 중심으로 뛰어들었을까. 기고문이 파장을 불러일으키자 프랑스 정부는 즉각 그가 받은 '레지옹 도뇌르' 훈장을 박탈했다. 이 사실이 모든 것을 방증한다. 도대체 그는 왜 그랬을까. 이 지점에서 우리는 에밀 졸라의 인생을 탐구하지 않을 수 없다.

암담한 학창시절

'졸라(Zola)'라는 성(姓)에서 우리는 추론할 수 있다. 그가 프랑스 사람이 아닌 이탈리아계라는 사실을. 에밀 졸라는 1840년 4월 2일 파리 생조제프 가 10번지에서 생(生)을 받았다. 아버지 프랑수아 졸라는 이탈리아 베니스 출신의 토목기사였다. 어머니 에밀리 오베르는 유대계 프랑스인. 가족은 푼푼한 중산층 생활을 한다. 생조제프 가 10번지에 가면 플라크가 붙어 있다.

에밀 졸라는 세 살 때인 1843년 부모를 따라 지중해에 면한 엑상프로방스로 이사한다. 토목기사인 프랑수아는 엑상프로방스에서 운하 건설 사업을 착안했다. 엑상프로방스 시청은 프랑수아가 제안한 운하 건설 프로젝트를 채택했고, 프랑수아는 은행에서 대출을 받아 졸라운하회사를 설립한다.

운하공사가 첫 삽을 뜬 때는 1847년. 그러나 공사에 들어간 지 1개월이 넘었을 때 불행이 엄습했다. 프랑수아가 급성폐렴으로 쓰러져 숨지고 만다. 나이 쉰두 살. 그때 에밀리는 스물여덟 살이었다. 남편을 묻은 아내의 눈물이 채 마르기도 전에 빚 독촉이 문을 쾅쾅 두드렸다. 죽은 자는 말이 없기에 운하사업과 관련된 이들이 모든 걸 망자에게 떠넘

겼다. 그야말로 앉은벼락을 맞은 것
이다.

에밀 졸라의 생가인
생 조제프 가와 플라크

살림만 아는 어머니였지만 앉은
채로 당하고 있을 수만은 없었다.
1848년 어머니는 남편의 정당한 권리
를 되찾기 위해 소송을 시작했고 엑
상프로방스 시청 측과도 싸움을 벌
인다. 여덟 살의 졸라는 아버지의 사
망 이후 부당한 일들이 어머니를 압
박하고 있다는 사실을 인식했다. 불
의에 홀로 맞서 싸우는 어머니에 대
한 연민이 싹텄다.

1854년 열두 살의 에밀 졸라는 엑
상프로방스의 부르봉 중학교에 입학
한다. 부르봉 중학교에서 그는 화가
를 꿈꾸는 한 친구를 만나게 된다. 훗날 위대한 화가가 되는 폴 세잔
이다.

중학 시절 에밀 졸라는 독서광이었다. 열여섯 살이 되던 해 파리 출
신의 교사가 중학교에 부임해 온다. 에밀 졸라는 이 교사를 통해 위고,
라마르탱 등 낭만주의 작가들을 알게 된다. 낭만주의 작가들은 소년의
뇌리에 깊은 인상을 남겼다. 소년은 시와 희곡을 습작하기 시작한다.

1858년 에밀 졸라는 파리로 상경한다. 1년 전 소송 문제로 먼저 파
리로 간 어머니가 아들을 불러들인 것이다. 졸라는 생루이 고등학교에
장학생으로 입학하지만 소송이 지루하게 시간을 끌면서 집안 형편이
어려워졌다. 10년간 무려 열세 번이나 셋집을 옮겨야 했다는 사실이 이

생루이 고등학교

때의 상황을 방증한다.

생루이 고교 시절인 1859년 그는 대학입학 자격시험인 바칼로레아에 두 번 불합격한다. 바칼로레아 시험에 낙방한 이유는 프랑스어 시험에서 낙제를 했기 때문이다. 미래의 소설가가 프랑스어 시험에서 두 번씩이나 과락했다는 사실!

생루이 고교로 가본다. 생 루이 고교는 소르본 대학과 마주보고 있다. 지하철 10호선 '클뤼니 라 소르본' 역에서 내려 생미셸 대로 쪽으로 간다. 먼저 소르본 광장은 소르본 대학 앞에 있는 직사각형 형태의 작은 공간이다. 이 광장에서 소르본 대학을 등지고 생미셸 대로를 바라보면 정면으로 보이는 건물이 생루이 고교다. 중학교이던 것이 1820년 현재의 생루이 고교가 되었다. 파리에서 이공계 대학을 준비하는 학교로 유명하다.

졸라의 어머니는 기약 없는 소송에 몸과 마음이 소진되어 가고 있었지만 아들은 아무것도 할 수 없었다. 꿈 많아야 할 학창 시절이 얼마나 암담했을까. 이런 마음을 털어놓을 친구는 있었을까. 그는 매일 소르본 대학을 드나드는 대학생들을 보면서 무슨 생각을 했을까.

작가의 길

힘들다는 내색 없이 애면글면 살아보려 발버둥치는 어머니를 아들은 더 이상 보고만 있을 수 없었다. 생활전선에 뛰어들기로 했다. 고등학교 졸업자가 가질 수 있는 직업은 뻔했다. 앞길이 보이지 않는 시기였지만 그럴수록 문학에의 열정은 더욱 뜨겁게 타올랐다. 틈만 나면 조르주 상드와 셰익스피어를 읽고 또 읽으며 글을 썼다. 습작 시 몇 편을 무작정 빅토르 위고에게 보낸 적도 있었다.

청년 시절의 에밀 졸라
(photo Carjat)

1861년 졸라는 중대한 결정을 내린다. 스물한 살 성인이 더 이상 어머니에게 짐이 되는 게 싫었다. 집에서 나와 빈민가에 방 한 칸을 마련했다. 허드렛일을 하며 하루하루 먹고사는 극빈자가 되었다. 이즈음 그는 시청에 프랑스 국적 취득 신청을 한다. 파리에서 살면서 이탈리아 국적이 여러모로 불편하고 불리하다고 느껴온 터였다.

생각지도 못한 곳에서 숨통이 트였다.

1862년 유명한 아셰트 출판사의 정식 직원이 되었다. 일용직을 전전하다가 2년 만에 잡은 직업다운 직업이었다. 안정적인 수입이 생기면서 그는 어머니와 함께 살기로 한다. 좋은 일은 연달아 온다고 했던가. 마침내 프랑스 시민이 되었다. 출판사 직원으로 일하며 그는 자연스럽게 작가, 평론가, 신문기자 등 글쟁이들과 관계를 맺었다. 작가를 꿈꾸던 그에게는 더할 나위 없는 최상의 환경이었다.

이때 중학교 친구 세잔이 엑상프로방스에서 파리로 상경했다. 세잔은 몽마르트에 머물며 화가로서 막 활동을 시작했다. 그는 세잔을 통해 자연스럽게 화가들과 교유한다. 출판사 직원으로 일하며 그는 유명 작가들이 무명 시절 그랬던 것처럼 신문사에 서평, 콩트 등 여러 장르의 글을 투고한다. 거의 다 쓰레기통으로 들어갔지만 그래도 그는 계속 썼다. 스물 네 살 되던 해에 알렉상드린 멀레라는 처녀를 알게 된다. 두 사람은 금방 사랑에 빠졌고, 곧바로 동거에 들어간다.

1865년 들어 희미한 한 줄기 햇살이 비치기 시작했다. 마침내《르 피가로》,《르 프티 주르날》등 주요 신문에서 그의 글을 정기적으로 게재하기 시작했다. 1826년 창간된 유력 주간지《르 피가로》에 에세이가

피가로 신문사

실린다는 것은 저널리스트로 능력을 인정받았다는 뜻이었다(《르 피가로》는 1866년에 일간지로 전환된다). 이와 함께 그가 6년간 써온 자전 소설 《클로드의 고백》이 세상 빛을 본다.

1866년 그는 전업 작가로 살기로 결단을 내렸다. 스물여섯에 출판사를 사직하고 오로지 원고료와 인세로 먹고 사는 인생을 선택했다. 신문에 기고하고 소설을 썼지만 원고료와 인세 수입은 시원치 않았다. 19세기 프랑스나 21세기 한국이나 무명작가가 글만 써서 생계를 유지한다는 것은 형극에 가깝다. 애인과 동거 중이었기에 피부로 느끼는 곤궁은 이루 말할 수 없었다. 그럼에도 쓰는 것 외에는 다른 길이 없었다. 그는 쓰고 또 썼다. 이 시기의 삽화 하나. 세잔을 통해 알게 된 화가 마네가 에밀 졸라의 초상화를 그렸다는 사실. 마네는 살롱전 출품을 준비하며 자신을 열렬히 지지하는 친구 졸라의 얼굴을 그렸다.

마네가 그린
에밀 졸라 초상

1869년 스물아홉 살이 되었을 때 그에게 서광이 비쳤다. 작가 플로베르가 그를 알아보고 작가로 상대하기 시작한 것이다. 또 출판사 라크루아는 에밀 졸라가 제안한 출판기획안을 받아들였다. 출판기획안은 '제2제정하의 한 가족의 자연적·사회적 역사'를 다룰 20권짜리 '루공마카르 총서'였다. 제2제정은 나폴레옹 3세 시대를 일컫는다. 졸라의 총서는 발자크의 《인간 희극》 시리즈에서 영향을 받았다. 유명 출판사가 신인에 불과한 작가의 작품을 20권짜리 총서로 출판하겠다고 결정한 것이다.

1870년, 그는 6년간 동거한 멀레와 결혼한다. 이 시기 프랑스와 프로이센 사이에 전운이 감돈다. 나폴레옹 3세가 비스마르크가 파놓은 함정에 빠져 프로이센과 전쟁을 벌일 듯하자 그는 전쟁에 반대하는 칼럼을 신문에 기고한다. 지식인 대다수가 졸라와 같은 입장이었다. 그러나 나폴레옹 3세는 프로이센과 전쟁을 시작한다. 프랑스에서는 이 전쟁을 '70년 전쟁'으로 불렀다.

보불전쟁이 터지자 전쟁에 반대한 지식인들은 남프랑스로 몸을 피했다. 졸라 역시 지중해 연안의 마르세유로 내려간다. 마르세유에서 그는 루공마카르 총서 1권의 원고를 집필했다. 1871년 2월, 프랑스는 치욕을 맛본다. 파리가 프로이센에 함락되었고, 나폴레옹 3세가 포로로 잡힌다. 파리로 돌아온 졸라는 총서 제1권인 《루공가의 행운》을 출간한다. 《루공가의 행운》은 그에게 처음으로 인세다운 인세를 만져보게 했다.

자연주의 소설 《목로주점》

에밀 졸라가 소설가로 이름을 알린 것은 《목로주점》이다. 《목로주점》은 총서 제7권으로 1877년에 세상 빛을 보았다. 나오자마자 화제를 불러일으켰는데, 그 이유는 지금껏 프랑스에서 출간된 어떤 소설도 시도하지 않은 하층 계급의 삶을 주제로 삼고, 그들의 언어를 그대로 사용했기 때문이었다. 《목로주점》을 두고 논쟁이 벌어졌고, 이 스캔들로 인해 소설은 날개 돋친 듯 팔려나갔다. 졸라의 명성은 솟구쳤고 인세 수입은 여기에 정비례했다.

《목로주점》은 돈을 벌기 위해 파리에 온 젊은
세탁부 제르베즈가 주인공이다. 제르베즈가 동거
하던 애인 랑티에에게 버림받는 장면으로 소설은
시작된다.

"제르베즈는 새벽 2시까지 랑티에를 기다렸다.
(……) 5시경 허리가 끊어질 듯 아프고 몸이 뻣뻣
하게 굳은 채 잠에서 깨었을 때, 제르베즈는 왈칵
울음을 터뜨렸다. 랑티에가 돌아오지 않았던 것이
다. 처음으로 그가 외박을 했다."

아이 둘을 둔 제르베즈는 랑티에를 잊고 새로
운 남자 쿠포를 만나 행복한 삶을 살아간다. 일
용 세탁부이던 제르베즈는 성실하게 일해 주변 사람들로부터 신용을

영화 〈목로주점〉 포스터

얻고 마침내 자기만의 세탁소를 차린다. 독자들은 제르베즈 편이 되어
어엿한 세탁소 사장님이 된 그녀에게 박수를 보낸다. 그런 제르베즈에
게 느닷없이 옛 동거남 랑티에가 나타나면서 상황이 이상하게 꼬여간
다. 거대한 몰락의 전조라고나 할까.

말만 번드레한 날건달 랑티에는 제르베즈 주변을 얼쩡거리다가 조
금씩 세탁소 안으로 밀고 들어온다. 독자들은 (제르베즈가) 그렇게 하
지 않기를 바라지만, 이상하게도 제르베즈는 그 상황에 저항하지 못한
채 거미줄에 걸린 잠자리처럼 빨려 들어간다. 제르베즈는 서서히 게으
름과 문란한 성생활과 술에 빠져들며 다시 예전의 밑바닥생활로 추락
해 간다. 나는 《목로주점》을 읽는 동안 왜 제르베즈는 그곳을 벗어나
지 못할까 하는 의문을 수도 없이 가졌지만 결국 제르베즈는 환경에
갇혀 그 안에서 침몰하고 만다. 환경이 인간의 의지를 무력하게 만든다
는 게 자연주의 소설이다.

《목로주점》은 파리가 배경이다. 파리는 오랜 세월 유럽의 주요 도시처럼 성곽이 시(市)를 둘러싸고 있었다. 13세기에 축조된 성곽에는 주요 방향에 시문(市門)을 두었고, 여기에 입시세관(入市稅關)이 설치되어 파리를 드나드는 사람은 간단한 세관 심사를 받아야 했다. 성곽은 1810년대에 철거되었다. 파리에 성곽이 막 철거되고 두 개의 시문만 남게 되었을 때《목로주점》의 이야기가 전개된다. 그 문이 생드니 문과 생마르탱 문이다. 똑같은 길이라도 시문 안쪽과 바깥쪽의 이름에 차이가 있다. 생드니 가(Rue St. Denis)의 경우를 보자. 생드니 시문 바깥쪽은 '포부르(Faubourg)'라는 단어가 들어간다. 번역하면 '시골 생드니 가'라는 뜻이다. 그러니까 목로주점의 배경은 시문 바깥쪽, 즉 파리 변두리 사람들의 이야기다.

입시세관의 흔적인 생드니 시문으로 가본다. 지하철 '스트라스부르 생드니' 역에서 내린다. 대로를 따라 왼쪽으로 가면 생드니 시문이 나온다. 23미터 높이의 이 문은 태양왕 루이 14세 치하인 1672년에 세워

생드니 시문

졌다. 태양왕의 전속 조각가가 시문 장식에 참여해 왕실 군대의 승전을 기록했다. 2년 뒤인 1674년 생마르탱 시문이 건축되었다.

생드니 시문에서 생드니 가 안쪽으로 걸어가 보았다. 몇 걸음 내딛지 않아 분위기가 예사롭지 않았다. 건물 1층의 작은 문에 화장을 짙게 한 여성들이 문 앞에 서 있다. 매춘 여성들이었다. 파리 시내를 밤낮으로 돌아다니면서 처음 마주치는 광경이다. 불로뉴 숲 안쪽 깊은 곳에서 매매춘이 일어나고 있다는 얘기를 들은 적이 있다. 생드니 시문 안팎에서 예로부터 매매춘이 성행했던 것이다. 지방에서 입시세관을 통과해 파리로 들어온 사람들을 상대로 매매춘이 발달했다는 사실. 이는 과거 우리나라의 서울역, 용산역, 청량리역 주변에 매매춘 장소가 있었다는 사실을 떠올리게 한다.

지하철 2, 4호선이 교차하는 '바르베스 로슈슈아르'로 간다. 역사를 나와 대각선 방향의 좁은 골목길로 들어서면 드레스숍들이 줄지어 서 있다. 푸아소니에 골목길이다. 도로 표지판을 자세히 보니 '푸아소니에' 앞에 '포부르'라는 말이 붙어 있다. 나는 비로소 고개를 끄떡였다. 지금 내가 서 있는 곳은 성곽이 있던 시절 파리 시문 밖에 있었다. 로슈슈아르 대로 주변은 파리의 경계가 확장되었을 때 파리의 북쪽 경계선이었다. 파리의 북역(北驛)보다도 더 위쪽에 있었다.

소설《목로주점》은 술집 '목로주점'을 중심으로 펼쳐진다. 등장인물을 직업으로 나눠보면 함석장이, 금세공사, 판지 제조사, 다림질장이, 세탁부 등이다.

"콜롱브 영감의 목로주점은 푸아소니에 가와 로슈슈아르 대로가 만나는 길모퉁이에 있었다. 간판에는 끝에서 끝까지 푸른 글자로 기다랗게 쓰인 하나의 낱말, 증류주라는 하나의 낱말만이 보였다. 출입구에는 술통을 둘로 쪼개 만든 두 화분 속에 먼지 낀 협죽도가 있었다."

'포부르 푸아소니에' 골목길이 시작되는 지점을 살폈다. 소설에서 '목로주점'으로 그려진 곳에는 어떤 가게도 보이지 않았다. 이 길을 100여 미터 걸으며 주변을 둘러보았다. 창문가에 드레스, 의류 등을 무더기로 쌓아놓은 것으로 미뤄 가내수공업이 발달한 지역 같았다. 서울로 치면 평화시장이 있는 동대문 주변 분위기가 묻어났다.

다시 목로주점이 있다는 지점으로 되돌아왔다. 왜 에밀 졸라는 이곳에 중독과 타락의 상징적 공간인 목로주점을 설정했을까. 나는 어딘가 있을지도 모를 어떤 단서를 찾기 위해 한참을 서성거렸다. 그때였다. 35도를 웃도는 한여름에 남루한 겨울코트를 걸친 남자가 마주 걸어오고 있었다. 잠시 긴장했다. 그 남자가 옆을 스쳐 지나가는데 술 냄새가 진동했다. 행색으로 봐서 노숙자처럼 보였다. 그 남자는 주변에 전혀 관심을 기울이지 않은 채 뭔가를 골똘히 생각하며 길바닥을 보면서 걷고 있었다.

위 포부르 푸아소니에 길의 노숙자
아래 포부르 푸아소니에 길 안내판

소설의 주요 무대는 목로주점 주변과 '구트 도르' 가다. 이번에는 '구트 도르' 가로 가본다. 포부르 푸아소니에 골목길에서 나와 로슈슈아르 대로를 가로질러 완만한 오르막 경사로를 올라간다. 오른편에 구트 도르 거리가 나온다. 몇 발자국 걷지 않고도 이곳이 예사로운 동네가 아님을 한눈에 알아차렸다. 도로 중간쯤에 경찰서가 보였다. 특이한 것은 대낮인데도 경찰들이 방탄복에 기관총을 들고 경계를 서고 있었다는 사실이다. 건물 외벽을 살피며 걷다가 한 건물에서 플라크를 발견했다. "죄 없는 사람들이 인종주의에 의해 희생되었다. 1985년 11월 30일."

노인 대여섯 명이 아담한 공터의 나무 그늘에서 쉬고 있었다. 노인에게 '구트 도르'에 대해 알고 싶어 왔다고 말을 걸었다. 그랬더니 이 노인은 "이곳을 제대로 알고 싶으면 밤에 와야지"라면서 의미심장한 미소를 지어보였다.

'구트 도르'는 진화를 거듭했다. 20세기를 지나면서 흑인, 아랍인, 아시아인 등 이민자들의 거리로 바뀌었다. 현재 이 동네는 아랍인 거리로 더 알려져 있다. 1971년 10월 27일 열여섯 살 알제리 청년 질랄리가 총에 맞고 숨지는 사건이 발생했다. 범인은 다니엘 피조. 그러나 피조는 이 청년이 자기 아내를 겁탈하려 했기 때문에 정당방위 차원에서 총을 쏘았다고 진술했고, 이 진술이 받아들여져 피조는 징역 7개월을 선고받았다. 이 판결에 항의하는 시위가 벌어져 약 4,000명이 구트 도르 가에 모였다. 이 시위대 속에는 철학자 미셸 푸코와 소설가 장 주네도 있었다.

위 **구트 도르 길 안내판**
아래 **인종차별** 역사를 기록한 플라크

파리는 세계인의 로망이다. 오랜 세월 세계 문화의 중심으로 군림해

구트 도르 거리의
작은 공터

온 파리는 문화의 변방에 사는 이들에겐 절대적 동경의 대상이다. 그러니 파리에 살기만 하면, 모든 파리지엥이 수준 높은 문화를 일상으로 접하고 이해하는 교양인으로 미뤄 짐작하기 쉽다. 그런데 그게 아니었다. 같은 파리인데, 소설 속 등장인물들에게 문화예술은 개발의 편자요, 돼지의 진주목걸이였다. 나는 프랑스 사람이면 다 '루브르'를 꿰고 있는 줄 알았다. 《목로주점》 속 등장인물들이 루브르 박물관을 관람하는 광경을 보자.

"쿠포는 〈모나리자〉 앞에 멈춰 서서 자기 아주머니 한 분과 닮았다고 생각했다. 보슈와 '불고기 병정'은 서로 곁눈질로 나부들을 가리키면서 킬킬거렸다. 특히 안티오페의 넓적다리가 그들의 탄성을 자아냈다. 고드롱 부부는 전시실 맨 끝에 있는 무리요의 성모 마리아 앞에 멈춰 서서 남편은 입을 벌린 채, 아내는 배 위에 두 손을 모은 채 멍하니 감동에 사로잡혀 있었다."

이탈리아 유파와 플랑드르 유파의 전시관에서 그들은 머리가 아픈 표정을 지었다. 에밀 졸라는 이렇게 묘사한다.

"르네상스 초기의 메마른 섬세함, 베네치아 화가들의 찬란함, 네덜란드 화가들의 풍부하고 아름답고 생동감 있는 빛 등 여러 세기의 예술이 얼빠진 그들의 무지한 눈앞으로 지나갔다."

불어를 유창하게 구사해도 프랑스 국적을 가져도 소용없다. 아는 만큼 보인다. 그들 일행은 루브르 박물관을 나와 퐁루아얄 다리를 지나 튈르리 정원을 가로질러 방돔 광장에 이른다. 일행은 방돔 기념탑에 올라가 파리를 내려다보기로 한다. 올라가는 묘사가 재미있다.

"좁은 나선형 계단을 통해 열두 명이 낮은 층계에 부딪히기도 하고 벽에 기대기도 하면서 줄지어 걸음을 옮겼다. 잠시 후 칠흑같이 어두워지자, 여기저기서 웃음이 터져나왔다. 부인들이 가볍게 비명을 질렀다. 신사들이 부인들을 간질이거나 다리를 꼬집었던 것이다. 이럴 때 화를 내는 건 정말 촌스러운 짓이지! 모두들 그게 생쥐 때문이라고 생각하는 척했다. 게다가 무슨 일이 있는 것도 아니었다."

노동자 소설 《제르미날》

1877년 4월 어느 날, 졸라는 트랍 레스토랑에 초대를 받았다. 졸라가 식당 문을 들어서자 미리 와 있던 작가들은 모두 일어서서 기립박수를 보냈다. 작가와 예술가들은 자존심으로 똘똘 뭉친 사람들이다. 어지간해선 동업자의 성공을 대놓고 칭찬하지 않는다. 그런 이들이 공개적으로 졸라에게 찬사를 보냈다는 사실은 《목로주점》이 질투와 시기의 차원을 넘어서는 작품이라는 뜻이다. 프랑스 문단에서는 트랍 식

사진작가 폴 나다르가
찍은 에밀 졸라의 모습

당의 만찬을 '자연주의자 유파의 세례식'으로 부른다. 이날 모임에 참석한 작가들은 플로베르, 모파상, 세아르, 콩쿠르, 알렉시, 미르보, 샤르팡티에 등이었다.

《목로주점》이 베스트셀러가 되면서 졸라는 비로소 돈 걱정에서 해방되었다. 거액의 인세 수입으로 그는 1878년 파리 근교 센에우아즈 지역의 메당(Médan)에 별장을 구입한다.

졸라는 《목로주점》을 각색해 연극 무대에도 올려 대성공을 거둔다. 졸라는 이전까지 몇 편의 희곡을 써서 무대에 올렸지만 전부 실패한 경험이 있다. 연극 〈목로주점〉의 성공으로 졸라는 희곡에서도 자신감을 얻었다.

1880년 들어서는 가장 가까운, 사랑하는 사람들이 이승을 떠났다. 존경하고 따르던 플로베르가 유명을 달리했고, 얼마 지나지 않아 어머니가 눈을 감았다. 두 사람을 떠나보내며 그는 정신적, 육체적으로 소진될 대로 소진되었다. 그러나 졸라가 위대한 점은 어떤 불행이 닥쳐도 펜을 놓지 않았다는 것이다. '루공마카르' 총서는 중단되지 않고 출간되었다. 어머니, 플로베르와 잇따라 이별한 1880년에도 총서 제9권 《나나》를 완성했다. 졸라의 명성은 프랑스 국경을 넘어 영국, 독일, 이탈리아, 오스트리아, 러시아, 노르웨이 등 유럽 전역에 퍼졌다.

총서는 거의 매년 한 권씩 발간되었는데, 이 중에서 우리가 기억해야 할 작품이 1885년 출간된 《제르미날》이다. 《제르미날》은 프랑스 북부의 탄광촌을 배경으로 광부들의 비참한 삶, 그리고 억압에 대한 저항과 투쟁을 묘사한 작품이다.

졸라는 앞서 1884년 광산 소설을 쓰기 위해 프랑스 북부 앙쟁 탄광으로 취재를 갔다. 직접 갱도에 들어가 탄광의 현실을 체험하며 광부들을 인터뷰했다. 졸라는 폐소공포증이 있었지만 지하 675미터 아래까지 내려가 막장을 체험했다. 그는 소설 속에서 이를 "지옥으로의 하강"이라고 표현했다. 《제르미날》을 쓰기 위해 무려 962쪽에 달하는 구성 노트를 작성했다.

그로부터 1년 뒤 《제르미날》은 세상 빛을 보았다. 《제르미날》은 광부, 즉 노동자 계층을 주인공으로 내세운 프랑스 최초의 소설이다. 《목로주점》에서 나온 세탁부 제르베즈의 아들과 딸이 주인공으로 등장한다는 점이 눈길을 끈다. 《목로주점》에서 가장 비참하게 굶어 죽는 것으로 묘사된 제르베즈. 독자들은 아무리 소설이지만 한번쯤은 제르베즈의 아이들은 그 뒤 어떻게 되었을까 하고 생각했을 법하다. 졸라는 바로 그 아이들을 《제르미날》에 등장시켰다. 《목로주점》을 두고

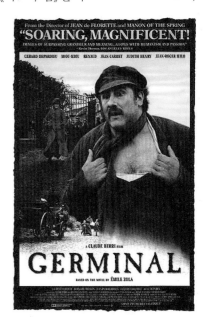

영화 〈제르미날〉
포스터

노동자와 하층민을 펌하했다고 비난을 퍼부었던 좌파 언론들도 《제르미날》에 대해서는 찬사를 아끼지 않았다. 탄광 노동자들의 비참한 현실에 독자들이 충격을 받자 일부 부르주아 언론들은 졸라가 현실을 왜곡 과장했다고 주장했다. 이에 대해 졸라는 이렇게 응수했다.

"부디 통계를 확인하고 현장에 직접 가보길 바랍니다. 그러면 내가 거짓말을 한 것인지 아닌지 알게 될 것입니다. 아아! 안타깝게도 나는 현실을 완화해서 이야기했습니다."

《제르미날》은 현재까지도 가장 많이 팔리는 졸라의 소설이다. 《목로주점》, 《나나》, 《제르미날》,

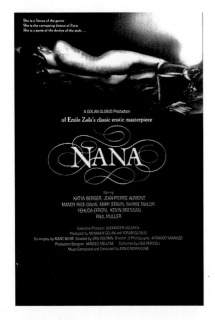

A GOLAN·GLOBUS Production
of Emile Zola's classic erotic masterpiece

NANA

Starring
KATYA BERGER, JEAN-PIERRE AUMONT,
MANDY RICE-DAVIS, MARY STAVIN, SHIRIN TAYLOR,
YEHUDA EFRONI, KEVIN BRENNAN,
PAUL MULLER

Executive Producer: ALEXANDER HACOHEN
Produced by MENAHEM GOLAN and YORAM GLOBUS
Screenplay by MARC BEHM Directed by DAN WOLMAN Director of Photography: ARMANDO NANNUZZI
Production Designer: AMADEO MELLONE Costumes by LUIGI PERICOLI
Music Composed and Conducted by ENNIO MORRICONE

영화 〈나나〉 포스터

《인간 짐승》은 졸라의 4대 대표작으로 꼽는다. 나는 《제르미날》에서 조지 오웰의 르포르타주 '위건 부두 가는 길'을 떠올렸다. 시대적으로는 '위건 부두 가는 길'이 한참 뒤에 나온다.

'제르미날'은 1789년 프랑스 대혁명 직후 국민공회에 의해 만들어진 혁명력(曆)의 세 번째 달로 '싹트는 달'을 의미한다. 졸라는 "새로운 인간의 자라남과, 캄캄한 어둠 속에서 벗어나기 위해 힘겹게 일하면서 발버둥치는 노동자들의 노력을 담을 수 있는" 제목을 찾다가 우연히 '제르미날'을 발견했다고 한다.

졸라는 《제르미날》에 대해 이렇게 말했다. "나는 20세기에 가장 중요한 쟁점으로 대두될 문제를 제시함으로써 미래를 예견하는 작품을 쓰고자 한다. (……) 노동자 여러분, 부디 이 소설을 읽기 바랍니다. 그리하여 여러분 모두가 연민과 정의를 부르짖게 될 때 나는 내 소임을 다하게 될 것입니다."

아내와 정부

1888년은 축복이 쏟아진 해였다. 프랑스 정부는 국가 최고훈장 '레지옹 도뇌르' 수상자로 졸라를 선정했다. 작가로서 최고의 영예였다. 평생 취미가 되는 사진에 입문한 것도 이때였다. 세계 최초의 사진은 1820년 프랑스 파리에서 나왔다. 최초의 영화 역시 뤼미에르 형제에 의해 프랑스 파리에서 탄생했다.

졸라에게 이보다 더한 '축복'이 있었다. 바로 애인이 생겼다는 사실이다. 적지 않은 남자들이 아내 외의 연인을 꿈꾼다. 그런데 졸라의 경우엔 아이러니하게도 그 기회를 아내가 제공했다. 아내는 집안 살림 규모가 커지자 젊은 가정부 잔 로즈로를 들였다. 아침에 출근해 저녁에 퇴근하는 가정부였다. 그런데 졸라는 첫눈에 로즈로에 반하고 만다. 로즈로 또한 대작가의 애정공세를 거부할 수 없었다. 얼마 지나지 않아 졸라는 아내의 눈을 피해 로즈로를 정부로 삼았다.

1889년 졸라는 《인간 짐승》을 쓰기 위해 르아브르로 취재여행을 간다. 두 사람의 관계를 까마득히 모르는 아내는 남편의 비서 격으로 로즈로를 딸려 보냈다. 로즈로는 졸라의 아이를 임신했지만 주인마님에게는 아이 아빠가 다른 사람이라고 감쪽같이 속인다. 딸 드니즈가 태어난 뒤에도 두 사람은 진실을 밝히지 않았다. 졸라와 로즈로는 완벽하게 멀레를 속이는 데 성공한다.

졸라는 오래전부터 꿈꿔온 '아카데미 프랑세즈(프랑스 학술원)'에 입후보한다. 하지만 첫 번째 입후보에서는 고배를 마신다. 이후 공석이 생길 때마다 학술원에 입후보해서 1897년에야 회원으로 선출된다. 1891년에는 작가협회장에 선출되었다. 작가협회장이 되자마자 그는 가장 먼저 오귀스트 로댕을 찾아가 발자크 동상을 제작해 달라고 의뢰했다.

얼마 후 그는 《패주》를 쓰기 위해 피레네 산맥 지방으로 취재여행을 떠난다. 피레네 취재여행에는 아내가 동행했다. 이즈음 졸라와 로즈로 사이에서 둘째 아들 자크가 태어난다. 이때까지만 해도 아내는 두 사람의 관계를 짐작조차 하지 못하고 있었다. 그러다 익명의 편지를 받고서야 로즈로가 낳은 아이 둘이 모두 남편의 아이라는 사실을 알게 된다. 남편의 정부가 바로 자신이 데려온 충직한 가정부 로즈로라는

아카데미 프랑세즈. 졸
라는 몇 번의 고배 끝
에 회원으로 선출된다.

사실! 아내는 남편과 가정부로부터 동시에 배신당하는 이중의 충격을
받고 실신한다.

　당연한 이야기지만 부부는 이혼 직전까지 갔다. 그러나 막상 이혼하
려고 보니 멀레는 졸라를 잃고 싶지 않았다. 졸라는 아내도 로즈로도
포기할 수 없다고 버텼다. 이때부터 졸라의 이중생활이 시작되었다. 졸
라는 로즈로와 아이들에게 메당 별장 가까운 곳에 집을 얻어주고 수시
로 자신을 찾아오게 한다. 이것은 빅토르 위고가 정부 쥘리에트와 이
중생활을 한 것과 흡사하다.

불로뉴 숲의 축하연

1893년에는 루공마카르 총서 제20권이자 마지막 권인《의사 파스칼》이 출간된다. 작가 필생의 업이 마침내 대단원의 막을 내렸다. 프랑스 문학사에 길이 남을 업적. 장장 22년 만에 완성된 20권 완간을 기념하는 축하연이 불로뉴 숲에서 성대하게 열렸다. 문화예술계를 비롯한 각계를 대표하는 지식인들이 불로뉴 숲의 한 레스토랑에 초대되었다. 불로뉴 숲은 파리를 얘기하면서 빠뜨릴 수 없는 곳. 불로뉴 숲은 나폴레옹 3세 시절인 1852년 조성되어 파리 시민의 생활에 깊숙이 파고든 공간이다.

그러니 아무리 시간이 없어도 불로뉴 숲은 들르지 않을 수 없다. 지하철 2호선 '포르트 도핀' 역이나 1호선 '포르트 매일로' 역에서 내리면 금방이다. 나는 '포르트 매일로' 역에서 내려 걸어갔다.

불로뉴 숲에서 완간 기념 축하연이 열린 곳은 '르 샬레 드 일(Le

불로뉴 숲의 레스토랑

Chalet de ile)' 레스토랑이다. '섬의 별장'이란 뜻. 불로뉴 숲이 얼마나 넓으면 섬이 다 있을까, 이런 의문을 품고 땀을 뻘뻘 흘리며 호숫가에 도착했다. 호숫가에 보트가 한 대 정박해 있고, 그 반대편에 레스토랑 '르 샬레 드 일'이 보였다. 배는 이 레스토랑을 오가는 보트였다. 이곳에서 식사를 하는 사람은 뱃삯이 공짜고, 음료를 마시거나 산책만 하는 사람은 1.5유로를 받는다.

호수는 아주 깨끗해서 바닥이 훤히 비쳤다. 수심은 1~1.5미터 내외 정도였고, 물고기들이 수초 사이로 숨바꼭질을 하고 있었다. 뱃사공은 호수를 가로질러 직선으로 가지 않고 왼쪽으로 빙 둘러 호(弧)를 그으며 레스토랑 앞 선착장에 내려준다. 일 분이나 걸렸을까. 너무 짧아 아쉽기까지 했다.

레스토랑 입구 게시판. 에밀 졸라와 관련된 신문기사가 보인다.

'르 샬레 드 일'은 본관 왼쪽에 신관을 지어 봄, 여름, 가을 야외식사를 원하는 고객들의 공간을 마련했다. 틀림없이 졸라와 관련한 무언가가 있으리라고 생각하며 본관에 들어섰다. '르 샬레 드 일'은 나의 기대를 저버리지 않았다. 에밀 졸라의 빛바랜 신문 기사를 액자에 넣어 현관에 전시해 놓았다. 식당 안으로 들어가 본다. 식당은 150~200명이 함께 앉아 식사를 할 수 있을 만큼 넓었고, 호수가 보이는 쪽 한 면을 통유리로 설치해 전망이 탁 트였다. 실내장식은 빈티지하면서도 품위와 격조가 묻어났다. 완간 축하연에 참석한 사람들은 아마도 탁월한 장소 선택에 매우 만족해 했을 것이다.

'나는 고발한다'

1894년이 밝았다. 1893년까지 파리는 유대인들에게 천국이나 마찬가지였다. 유럽 각지에서 갖은 박해와 차별을 받아온 유대인들은 마침내 파리에서 지금까지 누려보지 못한 최대한의 자유를 구가했다. 유대인들은 파리를 예루살렘이라고 생각할 정도였다.

그날은 1894년 10월 15일이었다. 애국심에 충만해 있던 유대계 육군 대위 알프레드 드레퓌스가 독일군에 군사기밀을 누설했다는 혐의로 체포되었다. 재판 과정은 예외적으로 속전속결로 진행됐다. 증거라곤 독일 대사관에서 나왔다는 메모가 전부였다. 필체도 드레퓌스의 그것과 완전히 달랐지만 전혀 고려되지 않았다. 같은 해 12월, 드레퓌스 대위는 군사법정에서 국가반역죄로 종신형을 선고받았다. 드레퓌스는 남미의 프랑스령 기아나에 있는 '악마의 섬'에 유배된다.

드레퓌스 사건은 프랑스 사회의 최대 이슈였다. 모두가 드레퓌스 사건에 대해 한마디씩 했다. 드레퓌스 대위가 간첩죄를 저질렀다는 여론이 다수였다. 드레퓌스를 옹호하는 쪽은 소수에 불과했다. 이들은 주로 지식인, 예술가, 사회주의자들이었다. 드레퓌스의 간첩죄를 확신하는 이들은 주로 권력층과 뿌리깊은 반유대주의자들이었다. 특히 군부가 반유대주의 편에 섰다는 사실에 주목할 필요가 있다. 1870년 보불전쟁에서 힘 한번 제대로 써보지 못하고 패배한 군부는 집단악몽에 시달리고 있었는데, 이들이 하루아침에 반유대주의로 돌아섰다. 군부는 집단 히스테리의 대상이 필요했고, 여기에 불운하게 유대인 드레퓌스 대위가 걸려들었다. 드레퓌스가 일단

드레퓌스 대위

반유대주의 마녀사냥의 그물에 걸려들자 그는 꼼짝달싹 못한 채 희생자가 되었다.

졸라는 1896년《르 피가로》신문에 '유대인을 위하여'라는 칼럼을 기고한다. 이는 드레퓌스 사건과 무관한 글이었다. 하지만 칼럼이 나간 후 뜻밖의 방문을 받는다. 그를 찾아온 사람은 〈사법적 오판, 드레퓌스 사건에 대한 진실〉이라는 소책자를 쓴 베르나르 라자르였다. 졸라는 이때까지만 해도 드레퓌스 사건에 대해 피상적으로만 알고 있었다. 라자르와의 만남 이후 졸라는 드레퓌스 사건에 대해 진지한 관심을 갖게 된다. 당시 프랑스 권력층에서는 소수이긴 하지만 드레퓌스의 무죄를 확신하는 그룹이 있었다. 상원부의장 케스트네르가 대표적인 인물이었다. 이들은 비밀리에 회합을 갖곤 했다. 케스트네르 자택에서 열린 비밀회동에 참석한 이후 졸라는 드레퓌스 사건의 진실 규명에 앞장서기로 결심한다. 권력층의 위세에 눌려 누구도 공개적으로 드레퓌스의 무죄를 주장하지 못하던 상황에서 문인협회장이며 학술원 회원인 졸라가 드레퓌스 사건을 건드렸다.

1898년 1월 13일이었다.《로로르(L'Aurore)》신문은 1면 전면에 에밀 졸라의 기고문 '나는 고발한다(J'accuse)'를 싣는다. 부제는 '펠릭스 포르 대통령에게 보내는 편지'였다.《로로르》신문은 평소 발행부수가 3만 부였지만 이날은 30만 부를 찍었다. 신문이 깔리자마자 프랑스는 발칵 뒤집어졌다. 권력층은 에밀 졸라에 격노했다. 국방부 장관이 정부를 대표해 에밀 졸라를 명예훼손으로 고발하고 나섰다. 반면 작가, 예술가, 과학자, 교수들은 에밀 졸라에 박수를 보냈다. 에밀 뒤르켐, 아나톨 프랑스, 클로드 모네 등 당대의 지성들이 즉각 드레퓌스 사건의 재심청원서에 서명했다.

여기서 '나는 고발한다'를 읽어볼 필요가 있다. 비록 117년 전 프랑스에서 벌어진 사건이지만 현 시점에서도 여전히 울림이 큰 명문(名文)이다.

최근 한 군사법정이 '에스테라지'라는 자를 명령에 의해 감히 무죄석방했습니다. 모든 진실, 모든 정의를 일격에 내리치는 것입니다. 그럼에도 그 일은 저질러졌습니다. 프랑스는 스스로의 얼굴에 낙인을 찍었고, 역사는 이 같은 사회적 죄악이 저질러진 것이 귀하의 통치 기간 중이었음을 기록할 것입니다.

대통령 각하, 따라서 나는 한 정직한 인간으로서 나의 온 힘을 다해 큰 소리로 진실을 외쳐야겠습니다. 나는 각하가 이 죄악을 모르고 있음을 확신합니다. 그러나, 그렇다 해도 이 나라 최고 통치자인 각하 외에 그 누가 이 진범의 악의적인 죄상을 파헤칠 수 있겠습니까?

첫째, 드레퓌스의 재판과 유죄판결에 대한 진실입니다. 한 사악한 사람이 모든 것을 준비하고 계획하고 음모를 꾸몄으니 그가 바로 뒤파티 드크랑 중령입니다. 그는 당시 소령에 불과했습니다. 그가 드레퓌스 사건의 전부입니다. 드레퓌스에게 첫 번째 혐의가 떨어지자 뒤파티 소령이 등장해서 죄상을 꾸미고 조작했습니다. 이제 사건은 그의 사건이 되고 그는 반역자의 기를 꺾고 하루라도 빨리 철저한 자백을 받아내기 위해 온갖 짓을 마다하지 않았습니다. 또한 보잘 것 없는 지성의 소유자인 국

《로로르》 신문에 실린 에밀 졸라의 기고문 '나는 고발한다' 전문

방부 장관 메르시에 장군, 허다한 경우 양심을 적당히 얼버무리는 참모총
장 보좌관 공스 장군도 여기 관여했습니다. 그러나 사건 초기에, 밑바닥에
서부터 바쁘게 설친 사람은 뒤파티입니다. 그가 장군들을 지휘했습니다.

마침내 드레퓌스는 군사법정에 섰습니다. 재판은 비밀리에 진행되었습니
다. 적에게 국경을 열어주고 독일 황제를 선뜻 노트르담 성당으로 인도한
반역자라 하더라도 이렇게 쉬쉬하며 재판을 하지는 않을 것입니다. 전 국
민이 공포에 질린 채 무시무시한 반역사건에 대해 수군거렸습니다.

전 국민이 군사법정을 하늘같이 존중했습니다. 이 죄인에게는 어떤 가혹한
형벌도 충분하지 못하다고 생각했습니다. 국민은 죄인에게 가해지는 공적
모욕에 갈채를 보냈습니다. 그들은 이 죄인이 회한을 삼키면서 저 오욕의
바위에 영원히 유폐되어 있기를 희망했습니다.

드레퓌스의 도덕적 결백성, 그의 부유한 환경, 범행동기가 전혀 없다는 점,
그리고 그가 끊임없이 자신의 무죄를 절규하고 있다는 점 등이 그가 뒤파
티 소령의 상궤를 벗어난 상상력의 제물이었음을 보여주는 증거인 것입니
다. 한마디로 그가 당하고 있는 박해는 우리 시대의 불명예인 반유대주의
풍조에서 비롯된 것입니다.

지금까지는 고발하는 편지를 쓰게 된 배경 설명이다. 이제부터 에밀
졸라는 고발하는 대상을 특정하며 구체적인 혐의 사실을 적시한다.

나는 뒤파티 중령을 고발합니다. 그가 무의식적으로(나는 이 점을 믿고자
합니다) 법적과오의 악마 같은 중개인이었음을, 또한 지난 3년간 가장 부
조리하고 역겨운 음모와 자신의 사악한 행위를 계속해서 은폐했음을 고발
합니다.

나는 메르시에 장군을 고발합니다. 필경 심약한 탓으로, 사상 최대의 죄악

에 그가 공모자로 끼어들었음을 고발합니다. 나는 비오 장군을 고발합니다. 그가 드레퓌스가 결백하다는 결정적 증거를 손에 쥐고서도 정치적 동기 및 참모본부의 체면을 구하고자 그 모든 것들을 은폐했으며 파렴치죄와 정의 모독죄를 자진해서 저질렀음을 고발합니다.

나는 펠리외 장군과 라보리 소령을 고발합니다.

그들이 악한 같은 심문을 자행했음을, 즉 극악무도하게 불공정한 심문, 어리석도록 뻔뻔스러운 저 불만의 기념비를 우리에게 제공한 그들의 보고서를 고발합니다.

나는 벨롬, 바리나르, 쿠아르 3인의 필적 전문가를 고발합니다. 의학적 검진에 의해 그들의 시력과 판단력에 결함이 있는 것으로 판명되지 않는 한, 그들은 거짓이며 가짜인 보고서를 작성했다는 책임을 면할 수 없을 것입니다.

나는 국방부를 고발합니다. 여론을 오도하고 죄악을 은폐할 목적에서 특히《에코 드 파리》와《레 크레르》를 위시한 신문들이 저열한 캠페인을 주도했음을 고발합니다.

나는 마지막으로 첫 번째 군사법정을 고발합니다. 피고인에게 그 증거를 비밀로 가린 채 유죄판결을 내려 인권을 침해했음을 고발합니다. 나는 또 두 번째 군사법정을 고발합니다. 피고인에게 죄가 있음을 충분히 인식하면서도 그를 무죄석방하는 법적 죄악을 저지른 것을, 그리고 이 불법성을 명령에 의해 은폐한 것을 고발합니다.

나의 불타는 항의는 내 영혼의 외침일 뿐입니다. 이 외침으로 인해 내가 법정으로 끌려간다 해도 나는 그것을 감수하겠습니다. 다만 청천백일 하에서 나를 심문하도록 하십시오! 기다리고 있겠습니다.

재판 중에 생각에 잠긴
에밀 졸라의 모습

권력층은 사법부를 조종해 졸라 죽이기에 나선다. 법정 공방은 지루한 게 보통인데 이 사건은 속전속결로 진행된다. 졸라는 중범죄재판소에 기소되어 총 15번의 공판 끝에 징역 1년에 벌금 3,000프랑을 선고받는다. 이어 프랑스 최고법정에서도 징역 1년에 벌금 3,000프랑이 확정 선고된다. 유죄가 최종 확정되자 프랑스 정부는 레지옹 도뇌르 훈장을 박탈한다.

드레퓌스에 누명을 뒤집어씌운 권력은 그 죄를 은폐하려 졸라에게도 유죄를 덧씌워 도버해협 건너편 영국으로 쫓아냈다. 이로 인해 프랑스 국민 대다수는 그동안 자신들이 속아왔다는 사실을 깨달았다. 재심청원서에 서명한 사람의 숫자가 눈덩이처럼 불어났다.

1899년 재심을 요구하는 여론이 거세지자 군사법정은 재심을 연다. 하지만 권력층의 입김으로 군사재판은 또다시 드레퓌스에게 원심대로 유죄를 확정한다.

이 판결은 불붙은 여론에 기름을 끼얹은 꼴이 되었다. 이에 졸라는 다음날《로로르》지에 정부를 성토하는 격문 '제5막'을 싣는다. 군사법정을 성토하는 여론이 거세게 타올랐다. 정부는 드레퓌스 사건을 그대로 두고서는 국정 운영이 불가능하다는 판단을 하기에 이르렀다. 1900년 의회는 드레퓌스 대위를 포함한 사건 관련자 전원에 대해 사면법을 통과시켰다. 진실은 마침내 승리했다.

로로르 신문사를 가다

로로르 신문사. 나는 로로르 신문사가 오래 전에 문을 닫아 더 이상 존재하지 않는다는 사실을 파리로 가기 전 이미 알고 있었다. 그럼에도 나는 그 신문사가 있던 터라도 보고 싶었다. 로로르 신문사가 에밀 졸라의 기고문을 싣지 않았다면 어떻게 되었을까. 드레퓌스는 간첩죄의 누명을 벗지 못한 채 악마의 섬에서 외롭게 죽어갔을 것이다. 당시는 언론이 정치권력과 자본권력으로부터 완전한 자유를 누리지 못할 때가 아닌가.

몽마르트 골목길 142번지로 간다. 이 골목길은 오스망 대로와 연결되어 있다. 오스망 대로는 가르니에 오페라극장 뒤쪽을 지나는데, 지하철 8·9호선이 교차하는 '리셸리우 드루오' 역을 지나면서 도로 이름이 몽마르트 대로로 바뀐다.

몽마르트 골목길에 들어섰다. 이미 사전 조사를 통해 로로르 신문사가 있던 건물 1층에 슈퍼마켓이 들어섰다는 얘기를 들어 알고 있었다. 멀리 몽마르트 142번지가 보였고 슈퍼마켓 로고가 붙어 있었다. 그러나 142번지가 가까워오자 심장 소리가 점점 커졌다. 역시, 슈퍼마켓 입구 오른쪽 벽면에는 커다란 플라크가 붙어 있었다. 그 아래에는 이 건물이 파리 시 문화유산임을 알리는 표지판이 세워져 있었다. 그뿐이 아니었다. 건물 정면 1층과 2층 사이에 'Journal du Soir La France'(프랑스 석간신문)라고 음각되어 있는 게 아닌가. 플라크의 내용을 읽어 내려갔다.

"1898년 1월 12일 이 건물에 로로르 신문사가 자리잡고 있었다. 에밀 졸라는 조르주 클레망소 편집국장에게 펠릭스 포르 대통령에게 띄우는 편지를 보냈다. 편지에는 알프레드 드레퓌스의 결백함을 증명하는 증거들이 있었다. '진실은 이미 굴러가고 있고, 아무것도 이를 멈추진 못할 것이다.' 원고는 다음날 '나는 고발한다'라는 제목으로 실렸다."

플라크 안에 쓸 수 있는 최대 분량의 문장이면서 동시에 역사적인 장소를 소개하는 최소 분량의 문장이었다. 나는 클레망소가 기자 출신이라는 것은 알았지만 로로르 신문사에서 편집국장을 지낸 사실은 몰랐다. 왜 에밀 졸라가 《르 피가로》가 아닌 《로로르》에 글을 보냈을까 궁금했는데, 역사적인 현장에 와서 그 의문이 풀렸다.

에밀 졸라는 여러 가지 이유로 언론인 클레망소를 신뢰했고, 편집국장인 그에게 원고를 보내면 권력의 눈치를 보지 않고 가감 없이 실어줄 것으로 믿었다. 그의 예상은 빗나가지 않았다.

이번에는 플라크 아래에 있는 파리 문화유산 푯말을 살펴봤다. 신문사 건물 옆길인 크루아상 골목길에 대한 설명이었다. 크루아상 길에는 《르 탕》, 《르 주르날》, 《로로르》, 《류매니테》, 《파리 수와》, 《라 프랑스》 등의 신문사가 몰려 있었다는 설명이 있었다. 19세기 말은 신문의

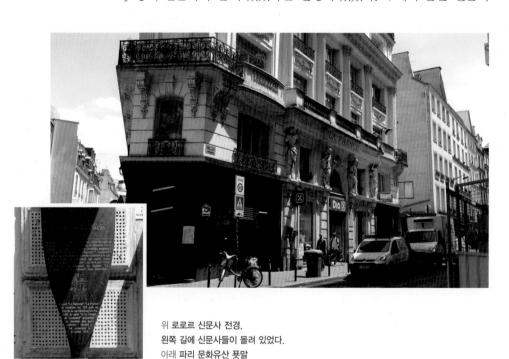

위 **로로르 신문사 전경.**
왼쪽 길에 신문사들이 몰려 있었다.
아래 **파리 문화유산 푯말**

전성시대였다. 얼마나 많은 기자들이 이 골목길을 뛰어다니며 속보 경쟁을 벌였을까. 또 막 인쇄되어 나온 신문의 잉크 냄새를 맡으며 얼마나 흥분했을 것인가.

신문사들 이름을 살펴보다 갑자기 한 장면이 스쳤다. 1898년 1월 13일 이 골목길에서 터져 나왔을 탄식! 이 골목길에 옹기종기 모여 있던 신문사 기자들은 《로로르》를 펼쳐보고 경악했을 것이다. 신문기자들의 숙명인 낙종의 비애! 재앙에 가까운 낙종!

옛 로로르 신문사 건물의 플라크. '나는 고발한다'와 관련된 내용을 기술하고 있다.

가스 중독사

20세기 첫해인 1900년은 기념비적인 해다. 1900년 파리에서 만국박람회가 열렸다. 드레퓌스 대위도 석방되었으니 에밀 졸라는 홀가분했다. 졸라는 파리 만국박람회를 만끽했다. 박람회에는 동양의 중국과 일본도 참여했을 만큼 규모면에서 세계 최대였다. 가만히 안방에 앉아서 동양과 이슬람의 문물을 감상할 수 있다는 사실에 졸라는 흥분했다. 그는 카메라를 들고 다니며 많은 사진을 찍었다.

졸라는 매년 여름이면 메당 별장에서 지내곤 했다. 메당 별장과 가까운 곳에서 살던 로즈로와 아이들이 매일 그를 보러 왔다. 세월이 흘러서였을까. 부인 멀레는 로즈로와 아이들의 존재를 받아들인다.

1902년 가을이 시작되자 부부는 파리로 돌아온다. 9월 28일이었다. 그날따라 파리의 날씨는 초겨울처럼 쌀쌀했다. 하녀가 벽난로에 불을 지핀 상태에서 부부는 잠자리에 들었다. 그런데 벽난로의 환기 상태에 문제가 있었는지 두 사람은 가스 중독 상태로 다음날 아침에 발견된다. 발견되었을 때 졸라는 이미 사망한 상태였고, 부인은 중태였다. 병원으로 옮겨진 부인은 가까스로 목숨을 건졌다.

장례식은 10월 5일에 프랑스 학술원 장(葬)으로 치러졌다. 아나톨 프랑스는 프랑스 학술원을 대표해 유명한 조사 '인류 양심의 한 획'을 낭독했다. 장지(葬地)는 몽마르트 공동묘지.

18구에 있는 몽마르트 묘지로 가보자. 에밀 졸라는 19구역 45번지에 묻혔다. 2호선 블랑쉬 역에서 내려 나이트클럽 물랭루주 쪽으로 간다. 물랭루주를 지나 조금 걸어가면 오른편으로 라셀 길이 보인다. 라셀 길로 들어서자마자 거리 분위기가 차분해지고 드문드문 꽃집과 레스토랑이 보였다. 라셀 길은 몽마르트 묘지 정문으로 통한다. 묘지는 평지에서 언덕의 등고선을 따라 조성되어 있다. 정문을 통과하면 길은 마치 고가도로 같은 도로 아래로 이어지는데, 이 구간을 지나면 둥근

에밀 졸라의 장례식에서 추도사를 읽는 아나톨 프랑스

정원이 있는 자그마한 광장이 나타난다. 여기서부터 개별 구역으로 나뉜다.

19번 구역은 입구에서 볼 때 정중앙에 위치해 있다. 45번 묘지는 19구역으로 오르는, 숲으로 우거진 정면 계단으로 올라가면 된다. 계단을 올라가면 에밀 졸라의 묘를 금방 찾을 수 있었다. 청동 흉상의 에밀 졸라는 입을 굳게 다물고 있었다. 진실을 향한 강인한 의지를 표현한 것이다. 기단은 붉은빛이 도는 짙은 갈색. 에밀 졸라의 가족묘다. 갈색 석관 위에 아내와 자식 세 명의 이름이 새겨져 있는 게 보였다.

에밀 졸라의 묘지

묘지 주변은 협소해서 수십 명이 함께 서 있을 공간이 없었다. 당시 장지까지 따라온 조문객들은 아나톨 프랑스를 위시한 문인들과 에밀 졸라를 사랑하는 시민들이었다. 하관식과 함께 모든 공식 장례행사가 끝났다. 그런데 조문객들 중에 매장이 끝난 뒤까지도 묘지를 떠나지 않는 일단의 사람들이 있었다. 수많은 조문객들 속에서 이들의 존재는 주목을 끌지 못했다.

주요 조문객들이 어느 정도 빠져나간 뒤에 원형 광장 뒤편에 조용히 서 있던 이들이 묘지 주변에 모여들었다. 프랑스 북부 앙쟁 광산에서 장례식에 참석하러 온, 거칠고 주름진 얼굴의 광부들이었다. 소설《제르미날》에서 작가에 의해 세상에 알려진 실제 주인공들. 누구도 이들의 출현을 예상하지 못했다. 광부 대표단은 묘 주위를 돌면서 작가를 애도했다. 처음에는 선 채로 고인을 애도하며 눈물을 흘렸다. 감정이 격해진 누군가 울부짖으며 "제르미날"을 외쳤다. 그러자 광부 대표단은 "제르미날"을 연호하면서 묘 주위를 돌기 시작했다. 이들의 연호는 얼마 지나지 않아 울부짖음으로 변했다. 시월의 해가 완전히 넘어갈 때까지 그들은 소리 내어 울었다.

● 에밀 졸라가 사망한 후인 1906년 프랑스 의회는 드레퓌스에 대한 복권을 의결한다. 이와 함께 몽마르트 묘지에 묻힌 졸라의 시신을 팡테옹에 이장하는 것을 의결한다. 프랑스 사회는 또다시 논란에 휩싸였다. 드레퓌스 대위에게 누명을 뒤집어씌운 세력이 또다시 에밀 졸라의 팡테옹 이장을 반대했다. 이런 우여곡절 끝에 1908년 에밀 졸라는 시민들의 애도 속에 팡테옹에 이장된다.
● 드레퓌스 대위는 복권되어 대대장까지 진급했다. 그의 묘는 몽파르나스 묘지에 있다.

프루스트,
기억의 연금술사
1871~1922

생각의 끝을 잡다

놀라운 발상의 편린이 불을 끈 잠자리에서 떠오르는 것을 우리는 종종 경험한다. 일상의 모든 근심걱정을 일시적으로 내려놓고 잠속에 빠져들려는 가장 편안하고 자유로운 순간, 현실과 초현실의 어슴푸레한 경계선에서 내면 깊숙한 곳에 갯벌처럼 침전해 있던 놀라운 생각들이 하나둘씩 떠오른다. 현실에서는 아무리 골몰해도 엉킨 실타래처럼 풀리지 않던 것들이 말이다. 섬광처럼 빛났다 사라지고 마는 그 순간의 영감을 잡아둘 수만 있다면 누구나 작가나 예술가가 되고 혁신가나 경영 구루가 될 수 있다. 창조적인 사고를 하는 사람이 대개 머리맡에 메모지를 놓아두는 이유다.

'구양순의 베개'라는 말이 있다. 당나라 때 문장가 구양순은 명문장을 쓰기 위해 항상 높은 베개를 베고 잤다. 베개가 높으면 잠이 쉽게 들지 않는다. 그러나 육신은 잠을 원한다. 명문장은 잠이 들 듯 말 듯한 몽롱한 상태에서 떠오른다고 간파한 사람이 구양순이었다.

동서고금을 막론하고 마르셀 프루스트 이전에 어떤 작가도 이런 시도를 한 작가는 없었다. 잠들기 전에 섬광처럼 반짝했다가 순식간에 달아나는 생각의 끝자락을 붙잡고, 그 끝에 감자처럼 주렁주렁 매달려 있는 이야기보따리를 풀어간 작가가 프루스트였다.

프랑스 문학은 프루스트 이전과 이후의 문학으로 나뉜다는 평가도 있다. 영국 소설가 버지니아 울프는 프루스트에 대해 이렇게 평가했다.

"프루스트는 최후의 위대한 모험가다. 이 소설 이후에 무엇을 더 쓸 수 있겠는가? 그는 영원히 사라져만 가는 것을 구체적으로, 그것도 이렇게 놀라운 불후의 형식으로 형상화하는 데 성공했다. 우리는 이 책을 손에서 내려놓는 순간, 숨을 몰아쉴 수밖에 없다."

현대문학에서 프루스트는 또 다른 지점에서 높이 평가된다. 그것은 제3의 성(性)으로 불리는 동성애다. 프루스트는 동성애를 문학적으로 다룬 최초의 현대문학 작가다. 모두가 쉬쉬하며 드러내지 못하고 있을 때 프루스트는 동성애자를 남성도 여성도 아닌 새로운 '인종'으로 파악했다. 프루스트는 제3의 인종의 역사를 유대인의 역사에 비교했다.

1999년에 나온 일본 영화 〈러브 레터〉가 있다. 〈러브 레터〉를 한 번 본 사람은 두 번 세 번 보게 되는 경우가 많다. 그만큼 중독성이 있다. 영화는 설경(雪景)을 배경으로 남자 이츠키의 추도식 장면으로 시작한

영화 〈러브 레터〉의 한 장면

다. 이와이 슌지 감독은 등반 중 조난사고로 외롭게 죽어간 연인 이츠키를 그리워하는 히로코의 심리상태를 겨울과 눈으로 암시하며 영화를 이끌어 간다. 여배우 나카야마 미호가 1인 2역으로 히로코와 이츠키 역(役)을 맡았다.

영화의 마지막 장면으로 가보자. 학교 후배들이 찾아와 건네준 도서 카드의 그림을 확인하고 여자 이츠키는 지난 과거의 기억들이 되살아난다. 특히 남자 이츠

키는 아무도 읽지 않는 책의 도서 카드에 자신의 이름을 적어넣는 장난을 즐긴다. 그런데 남자 이츠키는 자신의 이름이 아닌 여자 이츠키의 이름을 적었던 것으로 밝혀졌다. 그 책이 바로 마르셀 프루스트의 《잃어버린 시간을 찾아서》였다. 여자 이츠키는 이 책을 통해 잃어버린 기억과 추억이 되살아나는 경험을 한다.

라퐁텐 가에 태를 묻다

마르셀 프루스트는 1871년 7월 10일, 파리 서부 16구 오퇴유 지역의 라퐁텐 가에 태를 묻었다. 16구는 19세기 이래 파리의 대표적인 부촌이다. 오죽하면 16구의 반려견들은 헤어스타일도 다르다는 이야기까지 나왔을까.

프루스트는 형제 중 장남이었다. 아버지 아드리엥 프루스트는 성공한 의사로 유럽에서 콜레라를 공부한 병리학자이자 전염병학자였다.

프루스트의 어머니

그는 위생학 분야에서 전공서를 펴낸 파리 의과대학 교수이기도 했다. 어머니 잔 베유는 부유한 유대인 집안 출신으로 문학과 예술에 조예가 깊었다. 특히 잔 베유는 다양한 고전을 섭렵해 인문교양이 상당한 수준이었다. 고전 희곡작품의 주요 장면을 외우고 있었고, 프루스트와의 대화나 편지에서 고전에 나오는 주인공의 대사를 곧잘 인용하곤 했다. 이와 함께 영어 실력이 뛰어났다는 점도 기억해 둘 필요가 있다.

프루스트가 태어난 시점은 보불전쟁 패전 이후

프랑크푸르트 조약이 체결된 지 2개월 후였다. 프랑스는 이 조약으로 알자스로렌 지방을 독일에 내준다. 제3공화국이 출범하자마자 공산주의자 봉기인 '파리 코뮌'이라는 유혈사태가 일어났다. 이 시기에 프루스트가 태어났다. 그의 어린 시절은 제3공화국과 연관되어 있다. 대표작 《잃어버린 시간을 찾아서》의 상당 부분이 이 시기의 엄청난 사회적 변동, 특히 귀족정치의 퇴조와 부르주아 계급의 부상을 다루고 있다.

프루스트는 약골로 태어나 몹시 허약한데다 성격이 예민했다. 찬바람만 쐬면 감기에 걸려 자리에 눕곤 했다. 부모에게는 그런 프루스트가 자나깨나 근심거리였다. 한 친구는 그를 가리켜 "살갗 없이 태어난 사람" 같다고 했을 정도였다.

아이들은 대체로 아버지보다 어머니를 좋아한다. 이런 유년기의 보편적 특성에 더해 약골로 태어난 까닭에 프루스트는 다른 아이들보다 어머니에 대한 의존성이 훨씬 강했다. 이런 성향은 성장하면서 어머니에 대한 과도한 집착으로 발전했다. 어린 시절 프루스트에게 가장 큰 걱정은 '어머니와 떨어져 있는 것'이었다. 어머니에 대한 의존성은 사춘기를 거쳐 이성에 눈을 뜨면서 차츰 옅어지는 게 보통이지만 프루스트

열네 살 때의 프루스트

의 경우는 달랐다. 성인이 되어서도 어머니는 유일한 관심과 사랑의 대상이었다. 여기에는 어머니가 지적 능력이 탁월한 여성이었다는 점도 영향을 주었을지 모른다.

프루스트가 태어난 라퐁텐 로 96번지를 찾아가보자. 라퐁텐 거리는 버스를 타고 다니면 거리의 보도와 담벼락에 스며 있는 이야기를 놓칠 가능성이 높다. 파리 시내가 다 그렇지만 특히 이곳은 만유(漫遊)와 소요(逍遙)가 어울린다. 그만큼 볼거리가

지천이다.

파리 16구는 불로뉴 숲에서 아주 가깝고, 벨 에포크와 세기말을 장식한 아르누보 양식의 건축물이 집중되어 있다. 파리에는 중세 고딕부터 모든 시대의 역사주의 건축물이 널려 있는데, 16구에는 특히 아르누보 건축 양식이 많다.

파리에서 지하철을 한 번이라도 타 본 사람이라면 기억하는 이름이 있다. 엑토르 기마르. 이 건축가는 파리 시내 지하철 출입구의 아르누보 양식을 대부분 전담했다. 그런데 라퐁텐 거리에서는 엑토르 기마르가 설계한 아파트를 볼 수 있다. 지하철 출입구의 디자인이 아르누보 양식의 전채요리라

파리 16구의 아르누보 양식 아파트

면 라퐁텐 거리의 아파트는 아르누보 양식의 메인 요리다. 라퐁텐 거리 14번지 아파트 '카스텔 베랑제'가 아르누보 양식의 클라이맥스다. 라퐁텐 가에서 이 아파트를 올려다보는 것만으로도 감탄사가 절로 흘러나온다.

걷다 보니 도로 번지수가 96번지에 가까워져 가고 있었다. 과연 16구는 어떻게 프루스트를 기리고 있을까. 역시 기대를 저버리지 않았다. 96번지 건물 외벽에는 "프루스트가 태어난 집"이라는 플라크가 붙어 있었다.

프루스트는 아홉 살 때인 1880년 어느 날 불로뉴 숲으로 놀러나간다.

라퐁텐 가 96번지의 프
루스트 생가와 플라크

숲에서 놀다가 갑자기 꽃가루 알레르기로
극심한 고통을 겪는다. 꽃가루 알레르기
는 천식 발작으로 악화되었고 부모의 가
슴을 철렁이게 했다. 천식의 최고 치료제
는 예나 지금이나 공기가 깨끗한 환경에서
지내는 것이다. 아버지는 아들을 친척이
사는 공기 맑은 일리에 마을로 보내 요양
하게 한다. 허약 체질로 타고난 것도 모자
라 여기에 만성 질병인 천식이 더해지면서
프루스트는 점점 내향적인 성격으로 굳어
져 갔다. 야외활동보다는 집안에서 독서
나 사색을 하며 보내는 시간이 많았다. 병
상에 오래 누워 있으면 건강할 때 도저히
깨달을 수 없는 것을 발견하는 것처럼 프
루스트는 자연스럽게 내면세계를 탐사하는 데 몰두했다. 이렇게 혼자
사색하고 독서하는 시간의 축적이 훗날 그를 작가의 길로 인도했다.

불로뉴 숲을 그냥 지나칠 수 없다. 불로뉴 숲은 프루스트가 아니더
라도 파리에서 산 작가들의 시와 산문에 자주 등장한다. 파리지엥의
여가생활과 불로뉴 숲은 떼려야 뗄 수 없다. 불로뉴 숲이 워낙 광대하
다 보니 지하철역이 3개나 연결된다. 1호선, 2호선, 10호선이 불로뉴 숲
으로 간다.

파리 시는 이곳을 왜 공원이라 하지 않고 '숲(Bois)'이라고 했을까. 일
단 공간이 광대하다. 불로뉴 숲을 걷다 보면 이 숲이 설계에서부터 간
단한 곳이 아님을 알 수 있다. 나폴레옹 3세가 오스망 시장에게 런던의
하이드파크를 능가하는 숲을 만들어달라고 주문했고, 오스망 시장이

황제의 요구에 부응하는 공간을 설계했다.

　나는 불로뉴 숲을 가리켜 '광대'하다고 표현했다. 사실 불로뉴 숲을 하루 만에 본다는 것은 불가능하다. 장님이 코끼리 만지는 격이다. 그러나 한나절만으로도 불로뉴 숲의 아름다움을 느끼기에는 충분하다.

동성애에 눈뜬 고교 시절

　프루스트는 열한 살에 파리의 콩도르세 고등학교에 입학한다. 아브르 가 8번지에 자리잡은 이 학교는 부유한 집 자제들이 다니는 사립학교였다. 아버지는 아들을 이 학교로 보내면서 법대로 진학해 외교관이 되기를 희망했다. 콩도르세 시절 그는 잦은 천식 발작으로 툭하면 학교를 결석하곤 했다.

작가 프루스트와 인간 프루스트를 연구하는 데 콩도르세 고등학교는 중요한 지점에 있다. 프루스트가 콩도르세를 다닐 때, 이 학교는 센강 우안(右岸)에서 가장 자유로운 교풍의 학교로 통했다. 그것은 당시부르주아 계층이 자제들을 이 학교에 보냈다는 사실에서 찾을 수 있겠다. 부르주아 계층은 세습적인 귀족 계층에 비해 모든 면에서 자유롭고 진보적이었다.

콩도르세 고교 시절은 크게 세 가지 관점에서 살펴볼 필요가 있다. 첫째는 프루스트가 이 학교에 다니며 동성애에 눈을 떴다는 점이다. 프루스트는 콩도르세 시절 자신에게 동성애 성향이 있다는 것을 발견한다. 대개 동성애는 여학생과의 접촉을 원천적으로 금지하는 영국의 이튼스쿨 같은 남학생 전용 기숙학교에서 흔히 있어왔다. 콩도르세 고

콩도르세 고교 시절의
프루스트(가운뎃줄 맨
왼쪽)

교는 기숙학교는 아니었지만 부르주아 계층의 자제들이 모이다 보니 특유의 자유로운 분위기 때문에 신분제 사회에서 금기시된 여러 가지 진보적 움직임들이 자유롭게 시도되었다. 학교 밖에서 죄악시되던 동성애가 적어도 학교 안에서는 대수롭지 않게 받아들여졌다.

둘째는 상류 부르주아 자제들과 일부 귀족 자제들이 콩도르세 고교에 다닌 까닭에 프루스트는 훗날 이 인맥의 도움을 받게 된다. 그가 군복무를 마친 뒤 생제르망 대로의 부르주아 살롱에 드나들 수 있게 된 것은 귀족 동기들 덕분이었다.

마지막은 이때부터 프루스트가 글쓰기와 출판에 관여해 왔다는 점이다. 콩도르세 시절 그는 작가를 꿈꾸는 문학청년들과 어울렸고 학생 문예지를 창간해 글을 쓰곤 했다. 이때 가깝게 지낸 문학청년들 중에 다니엘 알 레비, 레옹 도데, 로베르 드 플레르 등이 훗날 프랑스 문단에서 이름을 남긴다.

콩도르세 고등학교로 가본다. 아브르 가 8번지의 콩도르세 고등학교는 프루스트가 아니어도 한번은 가볼 만한 곳이다. 오스망 대로 한가운데 있는데다 지하철역이 주변에 여러 개 있어 접근성이 좋다. 나는 생라자르 역을 선택했다. 생라자르 역은 파리에서 활동한 여러 화가들의 그림에도 종종 등장한다. 대표적인 작품이 클로드 모네의 〈생라자르 역〉이다.

역사를 빠져나오면 아브르 광장이다. 여기서 콩도르세 고등학교를 찾기는 어렵지 않다. 프랑스 삼색기가 걸린 2층짜리 빛바랜 건물이다. 사전에 학교측과 약속을 하지 않았지만 일단 문을 밀고 들어갔다. 오른쪽 벽에 1803년 이후 학교 변천사를 간략하게 정리해 놓은 안내판이 보였다.

1789년 프랑스 대혁명 이후 프랑스에서 벌어진, 세계사 상식으로 기

콩도르세 고교

억하고 있는 굵직한 사건만을 나열해
본다. 루이 16세와 왕비 앙투아네트의
처형(1793년), 나폴레옹 집권(1799년),
왕정복고(1815년), 나폴레옹 사망(1821
년), 나폴레옹 3세 등장(1851)……

이 학교는 공화정과 왕정을 오가
는 권력체제의 변동에 따라 교명을 바
꿔야만 했다. 나폴레옹 시대에는 보나
파르트 황실고등학교였다가 왕정복
고 기간 중에는 부르봉 왕립학교라는
이름으로 33년간 지속되었다. 나폴레
옹 3세가 등장하자 학교 이름은 다시
보나파르트 황실고등학교로 환원된
다. 그러다 제3제정이 끝나고 공화정
이 시작되면서 콩도르세 고등학교가
되어 현재에 이르게 된다.

나의 눈길을 사로잡은 대목은 안내판의 맨 아래쪽에 있었다.
1942~1944년 이 학교 학생 300명이 비쉬 정부와 나치에 의해 강제수용
소에 끌려갔다고 기록했다. 역사를 잊지 않겠다는 의지가 읽혔다.

콩도르세 고등학교 출신으로 우리가 아는 인물은 철학, 음악, 문학,
사진 등 다양한 분야에 망라해 있다. 철학자 앙리 베르그송, 작가 알렉
상드르 뒤마 피스·폴 발레리·레이몽 아롱·장 콕토, 현대신경학의 창
시자 장 마르탱 샤르코, 파리를 방사성 도시로 디자인한 엔지니어 조르
주 오스망, 전륜구동차를 개발한 엔지니어 앙드레 시트로앵, 구조주의
인류학자 클로드 레비 스트라우스, 사진작가 앙리 카르티에 브레송, 시

인·가수·감독·작곡가 세르주 갱스부르 등이다. 콩도르세에서 학생들을 가르친 교사 중에는 장 폴 사르트르가 있다. 졸업생들의 면면을 보면 콩도르세 고교의 위상을 능히 짐작할 수 있다.

나는 프루스트와 클로드 레비 스트라우스, 앙리 브레송, 세르주 갱스부르가 이 학교 동문이라는 게 결코 우연이 아니라는 걸 깨달았다. 천재 작곡가로 불리는 세르주 갱스부르 하면 제인 버킨이 일란성 쌍둥이처럼 연상된다. 실제 부부였던 두 사람이 1969년에 부른 노래 〈주템므 무아 농 플뤼 (Je t'aime, moi non plus)〉는 1970~1980년대를 보낸 중장년층에게 충격 그 자

콩도르세 고교에 붙어 있는, 나치 시절 학생들이 희생되었음을 알리는 플라크

체였다. 직설적인 가사와 신음소리! 당시 이 노래는 세계적인 센세이션을 불러일으켰다. 교황청이 안절부절 못할수록 대중은 갱스부르와 버킨 커플에 열광했다.

짧은 복도를 지나면 건물로 둘러싸인 작은 운동장이 나타난다. 학생들이 땀을 흘리며 농구를 하고 있었다. 어디에도 특정 졸업생에 대한 플라크는 보이지 않았다. 하긴 그 많은 천재적인 졸업생들을 모두 기록할 수는 없지 않겠는가.

귀족 살롱에 출입하다

콩도르세 학교를 마친 프루스트는 육군에 지원병으로 입대해 1년간 복무한 후 소르본 대학 철학과에 입학했다. 그는 소르본 대학 시절 에세이, 평론 등 장르를 가리지 않고 글을 썼다. 1892년에는 문예지《르 방케》를 창간했다. '방케'는 플라톤의 '향연'을 뜻하는 프랑스어다. 프루스트는 수년간 이 정기간행물을 비롯한 여러 문예지에 정기적으로 시, 에세이, 평론 등을 기고했다. 작가 지망생에게 글을 쓸 수 있는 공간, 즉 지면이 고정적으로 제공되는 것처럼 큰 축복은 없다. 문예잡지를 발행하려면 돈이 든다. 프루스트는 부모의 재력 덕에 문예지를 꾸릴 수 있었다.

살롱을 운영하던
귀족 부인

Madame BENARDAKY
juin 1888

그는 대학 졸업 후 상류 부르주아 살롱 출입에 심혈을 기울였다. 콩도르세 시절 알게 된 귀족 출신 동기생들이 다리를 놓았다. 오베르농 부인, 르멘 부인 등의 부르주아 살롱에서부터 프젠작 백작 같은 귀족 살롱까지. 카야베 부인의 살롱을 드나들면서는 평소 흠모해 온 작가인 아나톨 프랑스도 알게 되었다. 그는 밤마다 샹젤리제나 생제르망의 살롱 모임에 나갔다. 또 살롱 모임에 갔다 오면 그날 있었던 일을 모두 일기 형식으로 남겼다.

세기말의 파리! 이 시기 프루스트는 돈을 펑펑 쓰는 한량으로 유명했다. 그 시절 돈 많은 한량이 어디 프루스트뿐이었겠는가. 그런데도 그는 여러 가지 기행(奇行)으로 상류사회에 각인되었다. 그의 '기행'은, 다분히 예민하고 연약한 특이 체질에서 연유한다. 그는 추위를 몹시 탔다. 난방이 잘 되는 식당에서도 이런 체질로 인해 모피 외투를 걸친 채 식사를 했다. 그러니 금방 그의 존재가 입에 오르내릴 수밖에 없었다.

또한 직업이 없는 사람이 비스트로나 브라스리 같은 곳은 거들떠보지도 않고 고급 레스토랑만 골라 다녔다는 사실도 입방아에 올랐다. 리츠 호텔 레스토랑도 프루스트의 단골 식당 중 하나였다. 리츠

호텔 레스토랑은 지금도 여간해선 출입하기 힘든데, 그 시대에는 더 말할 것도 없었다. 그는 10프랑짜리 식사를 하고 나서 음식 값의 두 배인 20프랑을 팁으로 주었다. 식당 종업원 입장에서 보면 반가운 고객이지만 다른 손님의 눈에는 눈꼴사나운 인물이었다. 지식인 대다수의 눈에 작가 지망생 프루스트는 속물적인 호사가로 비쳐졌다. 작가연하며 사교계의 파티란 파티는 빠지지 않고 돌아다니는 팔자 좋은 한량, 그가 바로 프루스트였다.

어느 시대나 이런 아들을 마음 편하게 보고 있을 부모는 없다. 아버지는 줄기차게 그에게 직업을 가지라고 요구했다. 그는 버티고 버티다 아버지의 소원을 받아들여 1896년 여름, 사립도서관의 자원봉사직을 얻는다. 아들이 아침에 출근하는 곳이 생겼다는 사실만으로도 아버지

는 마음이 놓였다.

그러나 이런 상태는 얼마 가지 않았다. 어떻게 하면 따분한 자원봉사직을 그만둘까 궁리하던 끝에 병가를 신청하기에 이른다. 병가 상태는 수년간 지속되다가 끝내 사립도서관을 그만둔다. 결국 그는 평생 돈을 버는 직업을 가져본 일이 없다. 그는 성인이 되어서도 부모 집에 얹혀살았고, 양친이 모두 사망할 때까지 부모 아파트를 떠나지 않았다.

1896년, 프루스트는 그 동안 써온 시와 산문을 모아《즐거움과 나날들》을 자비로 펴냈다. 당시 아카데미 프랑세즈 회원이던 소설가 아나톨 프랑스가 서문을 썼고, 프루스트가 단골로 다니던 르메이르 살롱의 르메이르 부인이 삽화를 그렸다. 아나톨 프랑스가 신인 작가의 첫 책에 서문을 썼다는 것은 이례적인 일이다.《즐거움과 나날들》은 호화판 장정으로 비슷한 분량의 책보다 가격을 두 배나 비싸게 매겼다. 이 책은 혹평을 받고 곧바로 서점에서 사라졌다.

프루스트의 책에 서문을 쓴 아나톨 프랑스

세기말과 겹쳐지는 이 시기에 중대한 사건이 발생했다. 유대인 육군 대위 '드레퓌스 반역사건'이었다. 앞서 에밀 졸라 편에서 언급한 대로 드레퓌스 대위가 간첩죄로 종신형을 선고받고 남미의 외딴 섬에 유형된 사건이다. 에밀 졸라가《로로르》신문에 '나는 고발한다'라는 기고문을 발표하면서 다시 프랑스 사회는 드레퓌스의 유죄를 주장하는 쪽과 무죄를 주장하는 쪽으로 갈라졌다. 유죄를 주장하는 이들은 반유대주의자, 기득권층, 군부, 보수주의자 등이었다. 반면 무죄를 주장하는 사람은 친유대주의자, 지식인 그룹 등이었다. 드레퓌스의 유죄를 주장하는 이들 중에는 부르주아 계층이 많았다. 프루스트가 출입하던 살롱 사람들 대부분은 드레퓌스를 욕보이는 대열에 동참했다.

프루스트는 드레퓌스 사건을 통해 프랑스 상류사회의 감춰진 일면을 적나라하게 들여다보게 되었다. 상류사회에 실망한 그는 살롱 출입을 끊는다. 프루스트는 드레퓌스 대위가 유대인이라는 이유로 억울하게 모함을 받아 공개적인 모욕을 당하고 있다고 생각했다. 프루스트는 유대인 어머니의 영향으로 누구보다 유럽 사회에 흐르는 반유대주의에 민감했다. 그는 에밀 졸라 편에 서서 드레퓌스 사건의 재심을 요구하는 탄원서를 들고 서명운동에 앞장섰다. 또한 드레퓌스 재심이 진행되는 재판정의 방청객으로 참여했다.

유폐된 공간에서

사람은 20대 시절 누구를 만나느냐로 인생의 큰 방향이 정해지는 경우가 많다. 이 시기에 마음으로 존경하는 사람을 만나는 사람은 자신의 인생에서 주인공으로 살 가능성이 그만큼 커진다. 프루스트는 이 시기에 토마스 칼라일, 랠프 에머슨, 존 러스킨에 매료되어 이들의 대표작을 섭렵한다. 이들을 통해 그는 조금씩 자신만의 예술론을 정립하게 된다. 특히 영국 사상가이자 비평가 존 러스킨에 심취했다. 당시 70대이던 러스킨은 영국의 예술계와 평단에서 막강한 영향력을 행사했다. 프루스트는 러스킨의 미학에 매료되어 《아미앵의 성서》, 《참깨와 백합》을 프랑스어로 번역하기 시작했다. 이때 어머니는 아들을 위해 두 책

존 러스킨

의 초벌 번역을 책임졌다. 5년여 러스킨을 공부하면서 프루스트는 자연스럽게 러스킨의 정신세계에 삼투되었다. 프루스트 연구가들은 러스킨이 프루스트의 미학 속에 살아 있다고 평가한다.

이 시기 파리 유력 일간지《르 피가로》에서 프루스트에게 살롱 이야기를 써달라고 원고 청탁을 해왔다. 살롱 이야기라면 누구보다 자신이 있었다. 1903년, 그는 생제르망 대로의 살롱 이야기를《르 피가로》에 연재하기 시작했다.

남동생 로베르 프루스트가 1903년 결혼하면서 분가해 나갔고, 그해 11월 아버지가 별세했다. 이제 집에는 어머니와 프루스트 둘뿐이었다. 1905년 9월 초, 그는 어머니와 함께 알프스 지방의 휴양도시 에비앙으로 여행을 떠났다. 하지만 어머니가 욕독중 증세를 나타내 황급히 파리로 돌아와 병원에 입원했고, 며칠 뒤 욕독중 합병증을 이기지 못하고 눈을 감았다. 졸지에 고아가 된 그는 어머니의 장례를 치르고 나서 이렇게 술회했다.

"나의 삶은 이제 유일한 목적, 유일한 정다움, 유일한 사랑, 유일한 위안을 잃고 말았다."

아버지를 여의었을 때와는 비교할 수 없는 상실감에 그는 괴로워했다. 그 충격이 어느 정도였는지는 그가 정신질환 증세를 일으켜 한동안 정신병원 신세를 져야 했다는 사실이 말해준다.

어머니는 아들에게 막대한 유산을 남겼다. 유산만 가지고도 프루스트는 먹고사는 문제에서 완전히 해방되었다. 그는 마음 놓고 창작활동에 전념할 수 있었다. 1906년 그는 부모 집을 정리하고 오스망 대로 102번지의 아파트로 이사한다.

프루스트가《잃어버린 시간을 찾아서》집필에 본격적으로 뛰어든 것은 1909년 여름, 그의 나이 서른여덟 살 때였다. 어느 날 아침, 오스망 대로 아파트에서 프루스트는 달착지근하고 식감이 부드러운 과자를 곁들여 차를 마시고 있었다. 과자를 음미하다가 놀라운 경험을 하게 된다. 까마득히 잊고 있었던 어린 시절의 기억이 달달한 맛과 함께 또렷하게 되살아났던 것이다. 단맛은 인간의 뇌리에 가장 강렬하게 오래 기억된다. 맛이 과거의 기억을 되살려내는 신비한 체험!

기억은 시간의 집적물이면서 동시에 시간의 희생물이다. 기억이 맺혀지는 순간부터 시간은 그 기억을 좀먹고 파괴해 간다. 모든 기억은, 기억되

스물한 살 때의
프루스트

는 순간부터 망각의 강을 따라 흘러가버린다. 그런 기억들이 자신도 모르게 저장되는 곳이 있다. 그것은 맛, 노래, 공간이다. 이것을 냄새, 음악, 건물이라고 해도 좋다.

우리는 우연히 어떤 음식(냄새)을 맛볼 때, 프루스트가 그랬던 것처럼 과거의 어떤 기억이 생생하게 재현되는 경험을 저마다 갖고 있다. 대개 그런 음식은 어머니가 해준 것이거나 아니면 처음으로 맛있게 먹었던 어떤 음식일 개연성이 높다. 그럴 경우 처음 그 음식과 연관된 주변의 모든 것들이 연기처럼 피어올라 한 장면을 구성한다. 등장인물도 보이고, 그들과 나눈 대화도 생생하게 재연된다.

냄새와 기억의 관계가 밀접한 것은 이미 뇌과학으로 규명되었다. 인간의 후각 신경이 뇌의 변연계와 대뇌 피질로 정보를 보내기 때문이다. 변연계는 기억을 형성하고 감정을 조절한다. 프루스트는 바로 이런 경

프루스트에게 기억의 놀라운 경험을 일깨워 준 마들렌 과자

험을 주요한 소설 기법으로 사용했다. 달달한 과자를 마들렌 과자로 바꿔서 말이다. 프루스트는 의지와 상관없이 저절로 복원되는 기억을 '불수의(不隨意) 기억'이라고 규정했다.

나 또한 언젠가 점심 모임에서 비슷한 경험을 했다. 어쩌다 마이클 잭슨이 화제에 올랐다. 나를 포함한 대다수 참석자가 마이클 잭슨이 한국에 왔었나 하는 의문을 표시했다. 그런데 한 참석자가 마이클 잭슨이 한국에 머무는 동안 비빔밥을 극찬했다고 말하는 순간, 놀랍게도 갸우뚱했던 모든 사람이 맞장구를 쳤다. 정말 신기하게도, 마이클 잭슨의 한국 방문은 비빔밥이라는 음식 코드 속에 저장되어 있었다.

프루스트는 먼저 소설의 설계도를 그렸다. 설계도를 완성하면 소설은 절반이 완성된 것이나 마찬가지. 설계도를 그리고 본격적인 집필에 들어간 때가 1909년 7월이었다. 오스망 대로 102번지 아파트에서 전설적인, 저 유명한 영화 같은 칩거생활이 시작된다. 오스망 대로는 파리 중심가를 관통하는 번잡한 대로. 그때나 지금이나 자동차 소음으로 시끄럽다. 그는 외부 소음이 아파트 집필실 안으로 들어오지 못하도록 코르크로 창문 틈을 막는 인테리어 공사를 했다. 방음(防音)을 넘어선 무음(無音)의 공간으로 만들었다. 사교계의 유혹으로부터 자유롭고 천식의 공포로부터 해방된 공간, 오로지 내면의 세계에 침잠할 수 있는 유폐된 공간. 방안에는 침대와 책상, 그리고 자료만 준비해 놓았다. 식사 시간이 되면 거실로 나가 가정부가 차려준 음식을 먹고 다시 집필실에 틀어박혔다. 하루 종일 방안에서 글을 쓰다가 밤에만 잠깐씩 '글 감옥'을 벗어나 세상을 호흡했다.

오스망 대로 102번지 아파트를 찾아 나선다. 13년
간 살았고, 특히 불후의 명작을 잉태한 공간이니 틀
림없이 그와 관련한 기념물이 있을 것이었다. 9호선
생오귀스탕 역에서 나오면 오스망 대로다. 몇 걸음 걸으면 그가 살던
아파트가 있다. 아파트 1층 외벽에 플라크가 걸려 있었다. 그것도 굵
고 선명한 글씨로. "마르셀 프루스트, 이 아파트에서 1907~1919년까지
살다."

아파트 1층에는 은행이 들어서 있었다. 연금 생활자인 고령층이 주
로 이용하는 은행이다. 오스망 대로는 1909년이나 지금이나 자동차 소
음으로 소란스럽다. 10시 방향으로 숲이 우거진 작은 공원이 보였다.
루이 16세 공원이다. 칠흑처럼 짙고 적요한 공원 안에는 작은 예배당이
있다.

위 **오스망 대로 102번
지 아파트. 지금은 1층
에 은행이 들어서 있다.
아래** 프루스트의 아파
트에 붙어 있는 플라크

루이 16세와 왕비 앙투아네트가 혁명군에 의해 콩코르드 광장에서 공개 처형된 때가 1793년. 혁명군은 루이 16세와 앙투아네트의 시신을 콩코르드 광장 북쪽에 있는 마들렌 공동묘지에 묻었다. 부르봉 왕조를 복원한 루이 18세는 공동묘지에서 왕과 왕비의 유골을 이장하라고 명한다. 왕과 왕비의 유골은 생드니 성당 지하묘지에 임시 안장되었다. 1816년, 루이 16세의 딸인 앙굴렘 공작부인이 루이 18세에게 부모를 기리는 기념물을 지어달라고 간청한다. 이렇게 되어 왕과 왕비가 오랫동안 묻혀 있던 묘지에 '속죄의 예배당'을 짓는 공사를 시작한다. 예배당은 1826년에야 완공되었고, 주변에 공원이 조성되었다. 이름 하여 '루이 16세 공원'이다.

프루스트는 매일같이 루이 16세 공원과 예배당을 내려다보았을 것이고, 가끔씩 몇 발짝 움직여 공원을 산책하기도 했을 것이다. 국왕은 진애(塵埃)의 권력이다. 프루스트는 그 세속의 영화가 덧없음을, 한낱 바람 앞의 먼지에 지나지 않음을 아침저녁으로 깨닫지 않았을까.

퇴짜 맞은 원고

《잃어버린 시간을 찾아서》의 첫째 권《스완의 집 쪽으로》가 완성된 때는 1912년 9월. 1,200장 분량의 원고를 여러 출판사에 보냈지만 전부 퇴짜였다. 원고를 도저히 읽을 수 없었다는 게 결정적인 이유였다. 퇴짜를 놓은 어느 출판사 사장의 코멘트는 유명하다.

"내가 머리가 꽉 막힌 사람인지도 모르지만, 나는 어떤 사람이 자기가 잠을 청하기 위해 자리에 누워 어떤 방식으로 이리 뒤치고 저리 뒤치는지를 묘사하는 데 30페이지를 소모하는 것은 도무지 이해할 수가 없다."

더 놀라운 점은《스완의 집 쪽으로》를 거절한 출판사 중에는 갈리마르 출판사도 있었다는 사실이다. 갈리마르 출판사는 당대 최고 권위의 문예지《누벨 르뷔 프랑세즈》를 발행하고 있었는데, 이 문예지의 책임편집자가 앙드레 지드였다. 지드는 서른 살이었지만 이미 프랑스 문단에서 영향력이 있었다. 지드는 원고를 받아 작가 이름을 확인하고는 읽어보지도 않은 채 '불가' 판정을 내렸다. 프루스트에 대한 부정적 선입견이 작용한 결과였다. '돈이나 펑펑 쓰고 다니는 한량 프루스트가 쓴 원고가 오죽하겠어.' 다른 출판사들도 작가가 바로 프루스트였기 때문에 거들떠보지도 않고 거절했다.

《스완의 집 쪽으로》 표지

프루스트는 크게 실망하지 않았다. 자신이 새롭게 시도한 소설을 내주겠다는 출판사가 쉽게 나타나지 않으리라는 것을 어느 정도 예상하고 있던 터였다. 그는 자비 출판을 결심한다. 그라세 출판사는 저자가 1쇄 비용을 부담하는 조건으로 책을 내기로 한다.

1919년 갈리마르 출판사에서 출간된 《잃어버린 시간을 찾아서》 속 삽화

1913년 11월, 《잃어버린 시간을 찾아서》 첫째 권 《스완의 집 쪽으로》가 마침내 513쪽 분량으로 세상 빛을 보았다. 그런데 책 편집이 이상했다. 프루스트가 인쇄비용을 조금이라도 줄이려 궁리한 끝에 행갈이를 하지 않고 모든 줄을 이어붙인 것이다. 단락 구분이 없이 모든 페이지를 활자로 빼곡하게 채운, 그야말로 엉망인 편집이었다.

책표지에는 당시로서는 보기 드물게 앞으로 1914년까지 두 권이 더 출간되어야 《잃어버린 시간을 찾아서》가 완간된다고 예고하는 문구가 삽입되었다. 이는 프루스트가 최초에 《잃어버린 시간을 찾아서》를 총 3권으로 구상했다는 뜻이다.

여기서 모든 작가와 평론가들에게 충격을 던진 대목, 까마득한 어린 시절의 기억을 고스란히 일깨워준 마들렌 과자의 맛 이야기를 소개해본다.

이처럼 콩브레에서 내 잠자리의 비극과 무대 외에 다른 것은 더 이상 존재하지 않게 된 지도 오랜 어느 겨울 날, 집에 돌아온 내가 추위하는 걸 본 어머니께서는 평소 내 습관과는 달리 홍차를 마시지 않겠느냐고 제안하셨다. 처음에는 싫다고 했지만 왠지 마음이 바뀌었다. 어머니는 사람을 시켜 생자크라는 조가비 모양의, 가느다란 홈이 팬 틀에 넣어 만든 '프티 마들렌'이라는 짧고 통통한 과자를 사오게 하셨다. 침울했던 하루와 서글픈 내일에 대한 전망으로 마음이 울적해진 나는 마들렌 조각이 녹아든 홍차 한 순가락을 기계적으로 입술로 가져갔다. 그런데 과자 조각이 섞인 홍차 한 모금이 내 입천장에 닿는 순간, 나는 깜짝 놀라 내 몸속에서 뭔가 특별한 일이 일어나고 있다는 사실에 주목했다. 이유를 알 수 없는 어떤 감미로운 기쁨이 나를 사로잡으며 고립시켰다. 이 기쁨은 마치 사랑이 그러하듯 귀중한 본질로 나를 채우면서 삶의 변전에 무관심하게 만들었고, 삶의 재난을 무해한 것으로, 그 짧음을 착각으로 여기게 했다. 아니, 그 본질은 내 안에 있는 것이 아니라 바로 나 자신이었다. 나는 더 이상 나 자신이 초라하고

프루스트의 육필 원고

우연적이고 죽어야만 하는 존재라고 느끼지 않게 되었다. 도대체 이 강렬한 기쁨은 어디서 온 것일까? 나는 그 기쁨이 홍차와 과자 맛과 관련 있으면서도 그 맛을 훨씬 넘어섰으므로 맛과는 같은 성질일 수 없다고 생각했다. 그 기쁨은 어디서 온 것일까? 무엇을 의미하는 걸까? 어디서 그것을 포착해야 할까? 두 번째 모금을 마셨다. 첫 번째 모금이 가져다준 것 외에 다른 것은 아무것도 가져다주지 못했다. 세 번째 모금은 두 번째보다 못했다. 멈춰야 할 때다. 차의 효력이 줄어든 것 같았다. 내가 찾는 진실은 차에 있는 것이 아니라 바로 내 안에 있는 것이 분명하다.(《잃어버린 시간을 찾아서 1》85~87쪽, 김희영 옮김, 민음사)

《잃어버린 시간을 찾아서》는 읽기 힘든 소설이지만 제1권의 유명한 몇 장면은 대개 기억한다. 왜냐하면 대개 1권을 가까스로 읽어내고는

2권 읽기를 포기하는 경우가 많기 때문이다. 유명한 장면은 바로 주인공 마르셀이 회상하는 '어머니와의 잠자리 입맞춤' 장면이다.

잠을 자러 올라갈 때 내 유일한 위안은 내가 침대에 누우면 엄마가 와서 키스해 주리라는 것이었다. 그러나 저녁 인사는 너무도 짧았고 엄마는 너무도 빨리 내려갔기 때문에, 엄마가 올라오는 소리가 들리고 뒤이어 문짝이 두 개 달린 복도에서 밀짚을 엮어 만든 작은 술이 달린 푸른빛 모슬린 정원용 드레스가 가볍게 끌리는 소리가 들릴 때가 내게는 정말 고통스러운 순간이었다. 다음에 올 순간을, 엄마가 내 곁을 떠나 다시 아래로 내려가는 순간을 예고해 주었기 때문이다. 그래서 난 그렇게도 좋아하는 저녁 인사가 되도록 늦게 오기를, 엄마가 아직 오지 않은 이 유예기간이 더 연장되기를 바라는 것이었다. 때로는 키스를 하고 문을 열고 나가려는 엄마를 불러 세워서는 "다시 한 번만 키스해 줘요"라고 말하고 싶었지만, 그러면 금방 엄마가 화난 표정을 짓는다는 것을 알고 있었다. 왜냐하면 슬픔으로 상기된 내 모습을 보고 엄마가 양보해서 화해의 키스를 해 준다면, 이런 의식을 엉뚱하고 상식 밖이라고 생각하는 아버지 신경에 거슬릴 것이었고, 엄마 역시 할 수만 있다면 키스에 대한 내 욕망이나 습관을 없애 주려고 애쓰셨기 때문에, 이미 방문까지 다 간 상태에서 한 번 더 키스해 달라는 내 요청을 받아 줄 리가 없었기 때문이다. (……) 그러나 엄마가 그렇게도 짧은 순간 내 곁에 머물렀던 이런 저녁들은, 저녁 식사에 손님을 초대한 관계로 엄마가 저녁 인사를 하러 오지 못하는 날에 비하면 그래도 나은 편이었다. (《잃어버린 시간을 찾아서 1》 32~33쪽, 김희영 옮김, 민음사)

프루스트 박물관

지하철 4호선 몽파르나스 역으로 길을 잡는다. 몽파르나스 역 지상은 기차역이다. 매표소에서 '일리에-콩브레'로 가는 기차표를 샀다. 열차가 파리를 벗어나 남서쪽으로 미끄러져 갔다. 베르사유 궁전 가는 방향과 일정 구간 겹친다. '일리에-콩브레'는 작은 마을이어서 그곳까지 직통으로 가는 기차는 없다. 샤르트레 역에서 갈아타야 한다. 샤르트레 역까지는 한 시간 정도가 걸린다. 샤르트레 역에서 내려 기차를 바꿔 타려 플랫폼을 옮겼다. 대기 시간이 20여 분 남았다.

이날 파리의 온도는 40도. 플랫폼은 한적했다. 넓은 플랫폼에 두 사람만이 기차를 기다리고 있을 뿐. 폭염 속의 창공은 구름 한 점 없이 눈이 시릴 정도로 푸르렀다. 그때였다. 눈부신 창공에서 새 수십 마리가 무리를 지어 어지럽게 군무를 하고 있었다. 움직임이 참새 떼와는 달랐다. 저게 무슨 새더라. 놀랍게도, 제비였다. 어린 시절 이후 진흙을 물고 오는 제비를 보지 못한 채 살아왔는데, 프루스트의 고향 '일리에-콩브레'를 찾아가는 여정에서 뜻밖에 제비가 마중을 나왔다. 제비는 우리에게 돌아갈 수 없는 아련한 시대의 상징이다. 창공의 제비 떼는 마치 나를 '현재'에서 '잃어버린 시간'인 과거의 시점으로 데려가려는 전령처럼 느껴졌다.

일리에 마을은 프루스트 아버지의 고향이다. 프루스트 탄생 100주년이 되던 1971년에 공식적으로 '일리에-콩브레'로 이름이 바뀐다. 소설《잃어버린 시간을 찾아서》에서 일리에 마을은 콩브레 마을로 변주된다.

'일리에-콩브레' 마을로 가는 완행열차를 탔다. 누렇게 물든 밀밭이 지평선을 이루며 끝없이 이어진다. 지평선이 지루할 만하면 간간이 숲,

일리에-콩브레 간이역

초지, 옥수수밭이 나타나 눈을 쉬게 했다. 열차는 20여 분 만에 나를 일리에-콩브레 역에 내려주었다.

간이 역사에는 역무원은커녕 화장실조차 없었다. 역사를 나와서도 광장과 거리에는 사람 하나 구경하기 힘들었다. 모든 생명체가 작렬하는 햇살을 피해 어디론가 피서를 간 듯했다. 큰길을 따라 마을이 형성된 안쪽으로 걸어가 보기로 했다. 몇 걸음 만에 숨이 막힐 듯했다. 큰길을 따라 10여 분 걸으니 제법 너른 광장이 보였다. 그리고 성당이 있었다. 나는 탄성을 지를 뻔했다. 《잃어버린 시간을 찾아서》에서 수도 없이 묘사된 바로 그 성당이었다. 순간 모든 피로가 눈 녹듯 사라졌다.

여기까지 왔으니 이제 프루스트의 고모 집을 찾아가는 건 아무 일도 아니었다. 프루스트의 고모 집은 현재 프루스트 박물관으로 쓰인다. 성당 광장에서 3~4분 거리에 있다. 박물관 앞에 가니 오후 2시에 문을 연다는 안내문이 붙어 있다. 잠시 길 건너 처마 그늘 속에서 개관 시간을 기다렸다. 소설 속에 등장하는 저 유명한 산사나무 숲과 개울은 이 박물관에서 10분 정도 떨어진 거리에 있다.

박물관은 현재 두 사람이 관리하고 있다. 중년 여성은 박물관에서 책자와 기념품 등을 판매하고, 20대 남성은 순례객들에게 레오니 이모 집을 안내하는 역할을 맡고 있다. 안내원은 두 손을 가슴에 가지런히 모은 채 말문을 열었다.

"레오니 이모 집에 오신 것을 환영합니다. 《잃어버린 시간을 찾아서》는 자서전이 아니라 소설입니다. 얼핏 어린아이의 성장소설처럼 보이지만 100퍼센트 픽션입니다. (소설) 중간중간에 실제 경험이 들어가 있습니다. 레오니 이모는 이 집에 살던 엘리자베스 고모를 모델로 창조한 인물입니다. 프루스트의 조부모가 여기에 살았습니다. 아버지의 휴가 때 가족과 함께 이곳에 오고, 천식 발작이 심해진 이후로는 다시 오지 않았습니다. 프루스트는 열다섯 살에 고모 장례식 때 이곳에 왔습

일리에-콩브레 마을의 성당

레오니 이모 집. 현재
프루스트 박물관으로
운영되고 있다.

니다. 그후로 더 찾아왔는지는 모르
지만 아마 오지 않았을 것이라고 모
두가 생각합니다. 왜냐하면 프루스트
는 일리에 마을을 일종의 '잃어버린 천
국'으로 설정했습니다. 다시 왔다면
그게 깨어졌을 테니까요."

레오니 이모 집은 2층으로 되어 있
다. 모든 것이 18세기에 지어진 그대
로다. 가장 먼저 식당으로 들어가 보
았다. 소설 속에서는 크고 화려한 것
처럼 그려졌는데 실제로는 무척 작았
다. 당시 사용했던 식기들이 그대로
보존되어 있다. 소설의 식사 장면에
자주 등장하는 채소도 있다. 아스파

라거스다. 실제로 프루스트의 고모부가 아스파라거스를 아주 좋아해
식탁에 자주 올라왔다. 접시 중에는 아예 아스파라거스 문양이 바닥에
새겨진 것도 있었다. 식당이 비좁아 봄과 여름에는 정원에서 식사를
했다.

1층에서 가장 감동적인 공간은 프루스트가 책을 읽은 공간으로 묘
사한 방이었다. 《독서에 관하여》에 자주 언급된 방이기도 하다. 안에
서 열쇠로 문을 잠글 수 있는 이 방을 프루스트는 좋아했다. 다른 사람
의 방해와 간섭 없이 독서와 사색에 빠질 수 있어서다.

2층으로 올라갔다. 나무 계단이 삐걱거린다. 순간, 소설에서 침대에
누운 소년이 엄마가 계단으로 올라오는 소리에 귀를 기울이던 모습이
떠올랐다. 안내원에 따르면 이 집의 나무 바닥과 벽지는 모두 1812년

것 그대로라고 한다.

소년의 방은 계단을 올라와 2층 왼쪽에 있다. 커튼이 쳐진 침대는 아주 작았다. 침대 옆에는 책을 놓아두는 작은 테이블이 보였고, 그 위에 조르주 상드의 소설 한 권이 놓여 있다. 이 집에서 프루스트는 침대 맡에 작은 탁자를 두고 잠들기 전에 책을 읽곤 했다.

《잃어버린 시간을 찾아서》가 픽션이라는 증거는 집안 구석구석을 안내받으며 확인할 수 있었다. 소설에서 레오니 이모는 침대에 누운 채로 마을 성당을 훤히 내려다보는 것으로 나온다. 레오니 이모는 침대에 기댄 채 성당 광장을 내려다보며 마을 사람들의 일거수일투족을 관찰하는 것이 하루 일과다. 그러나 레오니 이모 방으로 묘사된 방에서는 다른 집의 지붕밖에 보이지 않는다.

다시 1층으로 내려왔다. 1층의 한 방은 지금까지 본 다른 방과는 달랐다. 무엇보다 방에 놓인 가구가 화려했다. 안내원은 프루스트가 눈

레오니 이모 집 표지판

을 감은 파리 아블랑 가 아파트에서 가져온 것이라고 했다. 오른쪽에 있는 자주색 비로드 천으로 된 소파 역시 프루스트가 사용하던 것이다. 나는 안내원의 허락을 받아 소파에 앉아보았다.

앙드레 지드와의 만남

《잃어버린 시간을 찾아서》는 출간되자마자 프랑스 문단을 떠들썩하게 했다. 지금까지 세상에 나온 그 어떤 소설과도 비교가 되지 않는 독창성을 지녔다는 평가를 받았다. 편집상의 실수도 크게 문제되지 않았다.

《누벨 르뷔 프랑세즈》 책임편집자인 앙드레 지드 역시《스완의 집 쪽으로》를 읽고는 저자인 마르셀 프루스트에게 사과 편지를 보내왔다. 하루아침에 상황이 급반전되었다. 그의 작품을 거절했던 출판사들은 2권과 3권의 판권을 얻으려 매달리는 입장으로 바뀌었다. 앙드레 지드는 사과 편지를 통해《잃어버린 시간을 찾아서》2권을 갈리마르 출판사에서 내고 싶다는 뜻을 밝혔다.

앙드레 지드

마르셀 프루스트와 앙드레 지드. 프루스트의 작가 인생에서 앙드레 지드(1869~1951)는 반드시 언급되어야 하는 인물이다. 두 사람은 모두 동성애자로 자신의 성 정체성을 결코 숨기려 하지 않았다는 공통점이 있다. 지드가 프루스트보다 두 살 위다. 불문학자 유예진은《프루스트가 사랑한 작가들》에서 프루스트와 지드의 관계를 상세하게 설명한다.

두 사람은 1891년에 처음 만났다. 작가를 꿈꾸고 있던 두 사람은 세기말의 분위기 속에 파리의 작가와 예술가들이 출입하는 살롱을 기웃거리다 서로의 존재를 알게 된다. 첫 대면은 콩도르세 고등학교 동기생인 시인 가브리엘 트라리의 집에서였다. 그 뒤로도 두 사람은 여러 차례 만났지만 더 이상 관계 진전이 이뤄지지는 않았다. 지드는 1914년 1월 11일자 편지에서 《잃어버린 시간을 찾아서》 원고를 퇴짜 놓은 것에 대해 부끄러움을 느낀다고 고백한다.

20여 년 전 몇 차례에 걸친 모임에서 당신을 만났을 때, 저는 당신이 X나 Y 부인이 주최하는 사교모임에 드나드는 그렇고 그런 사람이라는 고정관념을 가지고 있었음을 고백합니다. 저는 당신이 그런 살롱에 초대되어 그곳에 왔던 사람들이며 오갔던 대화를 모아 《르 피가로》 등의 신문에 게재하는 기사들을 종종 봐왔기 때문에 신통찮은 글쟁이라고 생각했던 것이 사실입니다. 베르뒤랑 부부 쪽 인물로 못박음질했던 것이지요. 따라서 어떻게 보면 우리 출판사가 가장 꺼리는 성향의 작가였던 것입니다.

그런데 이제는 당신의 책을 좋아한다고 표현하는 것만으로는 부족할 정도입니다. 저는 당신의 소설에 완전히 빠져 있습니다. 당신에 대한 애정과 존경은 이루 표현할 수 없을 정도입니다. 더 이상 무슨 말을 할 수 있을까요. 제가 당신을 억울하게 판단한 것처럼 당신 책의 출판을 거절하는 데 큰 몫을 한 저를 당신이 언

1910년의 프루스트

《잃어버린 시간을 찾아서》 육필 원고

짧게 여길 수 있다는 사실에 생각이 미치면 너무나 후회스럽고 괴롭습니다. 제 과거의 선택을 스스로 용서하게 될 날이 오지는 않을 것입니다. 다만 제가 얼마나 후회하고 있는지를 당신에게 고백함으로써 조금이나마 마음의 위안을 얻고, 또한 제 스스로 못하는 대신 당신이 저를 조금이라도 너그러이 용서해 주기를 바라는 마음입니다.

이 진솔한 사과 편지는 프루스트의 마음을 움직였다. 이것을 계기로 두 사람은 편지 교환을 하는 관계로 발전했다. 지드는 마침내 프루스트로부터 《잃어버린 시간을 찾아서》 출판권을 얻는 데 성공한다. 그러나 두 사람이 직접 만나게 되는 때는 1916년에 이르러서다. 출판인과 작가의 관계로 시작한 두 사람은 서로의 내밀한 관심사인 동성애에 대한 견해를 주고받는다.

불문학자 유예진은 《프루스트가 사랑한 작가들》에서 두 사람의 관계를 이렇게 정리한다. "동성애를 변호하거나 아름답게 그림으로써 독자의 호감을 구하는 데 연연하지 않은 프루스트와 고대 그리스의 전통을 언급하며 동성애를 이상화하고 자신의 성 정체성에 대한 해답을 찾으려 한 지드는 가까운 사이가 될 수도 있었으나 끝내 거리를 유지한 채 각자의 자리에서 서로 다른 문학 세계를 성립했다."

동성 연인을 보내고

세상을 움직이는 건 우연과 본능이라고 말한 사람은 지그문트 프로이트다. 우연한 역사적 대사건이 프루스트의 집필 계획을 뒤흔들어놓았다. 《잃어버린 시간을 찾아서》가 나오고 나서 얼마 뒤인 1914년 7월,

1차 세계대전이 발발한다. 프랑스가 연합국의 일원으로 독일, 오스트리아, 불가리아, 터키 등 동맹국과 전쟁을 벌이면서 프랑스는 비상사태에 돌입했다. 상황이 급박해지자 출판사는 2권과 3권의 출간을 전쟁이 끝날 때까지로 잠정 연기한다. 원고를 다 써놓은 작가 입장에서는 미칠 지경이었지만 어쩔 도리가 없었다.

전쟁은 그에게도 지울 수 없는 상처를 남겼다. 동성 애인이면서 수행비서 겸 운전기사였던 알프레드 아고스티넬리가 사고로 사망했다. 아고스티넬리는 조종사가 되겠다는 생각으로 파리에서 남프랑스로 갔고, 1915년 5월 경비행기를 몰다 추락사고로 숨진다.

프루스트가 아고스티넬리를 처음 만난 것은 프랑스 북부 노르망디의 카브르 해변. 프루스트는 1907년부터 매년 여름휴가를 카브르의 그랑 호텔에서 보내곤 했다. 그때 아고스티넬리는 카브르에서 택시 운전기사였다. 프루스트는 그랑 호텔에 머물 때 아고스티넬리를 전용 택시기사로 고용했다. '아고스티넬리'라는 이름에서 짐작할 수 있는 것처럼 그는 이탈리아계였고, 이국적인 매력이 넘치는 남자였다. 프루스트는 그에게 마음을 빼앗겼고, 파리로 돌아와서도 그를 잊지 못한다(일리에-콩브레 마을의 프루스트 박물관에 가면 카브르에서 프루스트가 아고스트넬리가 모는 택시에 타고 있는 사진이 있다).

택시기사 아고스티넬리와 함께. 왼쪽이 프루스트이다.

프루스트는 아고스티넬리를 파리로 데려오는 데 성공한다. 그런데 아고스티넬리는 양성애자였다. 여자친구와 함께 파리로 온 그는 프루스트의 아파트에서 함께 지내게 된다. 아고스티넬리를 독점할 수 없었던 프루스트는 그에게 사랑과 질투라는 이중의 감정을 느꼈다. 아고스티넬리는 개인비서로서 그의 육필 원고를 타이핑했고, 프루스트가 외출할 때는 자동차를 몰았다.

프루스트는 그가 개인비서로 계속 곁에 있어주기를 원했지만 아고스티넬리는 비행기 조종사가 되려는 꿈이 있었다. 프루스트는 그를 잡아두려 그가 원하는 것을 모두 들어주었다. 조종사 양성학교인 비행학교에 등록하도록 등록금도 대줬다. 하지만 비행학교 과정을 마친 아고스티넬리는 여자친구와 함께 남프랑스로 가버렸다. 프루스트는 제발 돌아와 달라고 애원했지만 아고스티넬리는 냉랭했다. 프루스트는 그에게 경비행기를 선물로 사주면서 그의 마음을 돌리려고 했는데, 이 경비행기가 화를 불러왔다. 이 비행기를 몰다 조종 미숙으로 추락사하고 만 것이다.

동성 연인이었던
아고스티넬리

프루스트는 상실감과 함께 죄책감으로 여러 달을 괴로워했다. 프루스트는 외부와 차단된 아파트에서 어둠 속에 갇혀 짐승스런 시간을 보내야만 했다. 어느 시인의 표현대로 '반추동물처럼 죽음만 꺼내 씹었다.' 그는 "어머니, 아버지와 함께 내가 이 세상에서 가장 사랑했던 사람"이라고 아고스티넬리를 표현했다.

프루스트는 오랫동안 그를 잊지 못했다. 그는 한참 뒤에 친구에게 보낸 편지에서 이런 회한을 피력했다. "만약 그가 나를 만나지 않았더라면, 나로 인해 그렇게나 많은 돈을 벌지 않았더라면 그가 비행기 조종하는 법을 배우지 못했을 텐데, 하고 나는 지금도 후회한다."

사랑하는 사람을 잃는 슬픔과 고통을 겪어보지 않은 이가 어찌 감히 짐작이나 할 수 있을까. 천재 예술가에게 들이닥친 비극은 언제나 그렇듯 시간의 발효과정을 거쳐 예술로 승화되어 삶의 차원을 높이고 풍성하게 만든다. 작가와 예술가는 개인적인 비극을 예술로 승화시키는 능력을 가진 사람이다. 프루스트는 소설 구성에서 알베르틴이라는 인물을 새로 만들어 원고를 다시 써나갔다. 알베르틴은 비명에 간 연인 아고스티넬리의 아바타였다. 최초의 구상에 없던 《사라진 알베르틴》은 이렇게 탄생했다.

전쟁으로 마감 시한이 무기한 연기되자 프루스트는 원고에 전면적으로 손을 댔다. 이 과정에서 원고 분량이 예상보다 대폭 늘어났다. 그는 아예 3권에서 7권으로 구상을 바꿨다. 1차 세계대전이 끝나고 프랑스 사회가 정상화되고 나서야 《잃어버린 시간을 찾아서》는 다시 출판될 수 있었다. 지드가 관여하고 있는 갈리마르 출판사는 1919년 제1권 《스완의 집으로》와 제2권 《꽃피는 처녀들의 그늘에서》를 한꺼번에 출판했다. 명문 출판사답게 삽화를 적절히 배치한 편집으로 책의 가치를 높였다.

프루스트는 1919년 콩쿠르상을 수상하고 단숨에 유명작가 반열에 올라섰다. 자신감을 얻은 그의 작업에는 가속도가 붙었다. 프루스트는 먼저 펜으로 원고지에 글을 쓰고 이를 비서에게 타이핑을 시킨 뒤 출판사에 넘겼다. 1920년 《게르망트 쪽 1》, 1921년 《게르망트 쪽 2》, 《소돔과 고모라 1》이 잇따라 출간된다.

의식의 흐름과 만연체 문장

《잃어버린 시간을 찾아서》는 흔히 '궁극의 문학'으로 불리곤 한다. 세 가지 이유가 있다. 첫 번째는 수천 쪽에 달하는 분량이다. 읽는 것도 힘든데 번역하는 사람 입장에서는 얼마나 힘들겠는가. 프루스트 전문 연구가라고 할지라도 전권을 번역하려면 10~20년이 걸린다.

두 번째는 현미경을 들이댄 것처럼 치밀하고 섬세한 묘사로 개인의 일상과 시대상을 완벽하게 재현하고 있다는 점이다. 하도 자세하고 시시콜콜해서 과연 이렇게까지 묘사할 필요가 있을까 싶을 정도다. 이 지점이 소설의 읽는 진도를 더디게 하거나 종종 길을 잃게 한다. 동시에 이 지점에서 프루스트의 위대함이 조명된다. 프루스트가 아니었다면 누가 일상의 사소하고 잡다한 일들을 이렇게 완벽하게 묘사할 수 있겠는가. 프루스트 이전 소설가들이 대부분 거시적 접근을 시도했다면 프루스트는 미시적 접근을 시도했다. 마치 접사렌즈를 써서 장미꽃잎의 섬세한 결을 찍어내는 것처럼. 빅토르 위고도 이렇게까지는 시도하지 못했다. 예컨대, 수세기 동안 파리에서 유행했던 살롱 문화는 지금 사라지고 없다. 많은 소설에서 부분적이고 단편적인 묘사로 그려질 뿐이다. 그림이나 사진으로도 남아 있지만 이것들은 어디까지나 순간의 장면일 뿐이다. 그러나 프루스트의 묘사는 텍스트이면서도 사실상 동영상에 가깝다. 그만큼 디테일에서 완벽하다는 얘기다.

세 번째는 문체다. 《잃어버린 시간을 찾아서》는 읽기 힘들다. 전문가든 일반 독자든 간에 이에 동의하지 않는 사람은 없다. 1,000쪽이 넘는 《프루스트 사전》이 있는 것만 봐도 알 수 있다. 《프루스트 사전》은 소설에 나오는 용어 해설집이다. 이 소설을 가리켜 '의식의 흐름' 기법의 소설이라고 말하기도 한다. 인간 의식은 결코 논리적이지 않다. 철

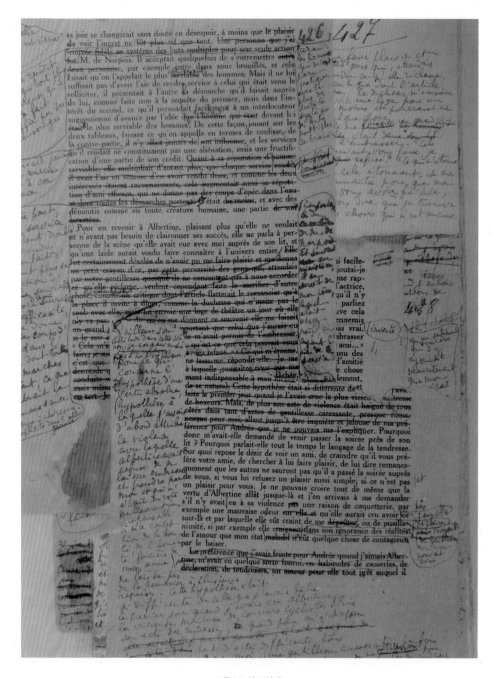

프루스트의 교정쇄

저하게 비구성적이다. 이런저런 생각이 동시다발적으로 무질서하게 번득번득 떠오른다. 이런 의식의 흐름을 있는 그대로, 인위적인 구성을 가하지 않고 쓰는 게 의식의 흐름 기법이다. 이런 기법으로 소설을 쓴 작가는 프루스트 외에도 버지니아 울프와 제임스 조이스가 있다. 버지니아 울프의《댈러웨이 부인》역시 진도가 도무지 나아가지 않는다. 그러나《댈러웨이 부인》도《잃어버린 시간을 찾아서》에 비하면 아무것도 아니다.

《잃어버린 시간을 찾아서》의 줄거리는 비교적 단순하다. 마르셀이라는 젊은이가 파리 사교계의 살롱을 드나들며 세월을 허송한다. 하지만 중년의 나이에 접어들어 비로소 자신이 가야 할 길을 자각하고 마침내 작가가 되기로 결심한다는 내용이다.

무슨 심오한 철학적 메시지를 담은 것도 아니다. 그렇다면 왜 이 소설은 읽기 힘들까. 이미 수많은 프루스트 연구자들이 다각도의 결정판적 분석을 내놓았다. 먼저 긴 문장이다. 오상순이나 박상륭의 만연체와도 다르다. 프루스트의 글은 좀처럼 마침표가 나오지 않는, 쉼표의 연속으로 이어지는 복잡한 구조를 지녔다. 실제로 얼마나 긴가? 프루스트 연구자들은 이 부분에 대해서도 이미 연구를 다 끝냈다. 여기서 기존의 연구 성과를 조금 소개해 본다. 소설의 첫 문장은 이렇게 시작한다. "오랫동안 나는 일찍 잠자리에 들었다." 그런데 이 문장이 소설에서 가장 짧은 문장이다. 가장 긴 문장은 522개의 단어로 이루어졌다. 평균 문장의 길이는 3행 반이다. 10행을 초과하는 문장이 전체의 18퍼센트에 이른다. 여기서 불문학자 김화영이《프랑스 현대 소설의 탄생》에서 언급한 프루스트 문장의 성격과 특징을 찬찬히 읽어볼 필요가 있다.

그 문장은 현실을 거미줄처럼 에워싸며 그 현실에 가장 가까이 다가가면서도 동시에 거기서 연기처럼 빠져나가고자 한다. 그만큼 그의 소설은 천천히, 몇 번씩 반복해서 읽지 않으면 안 되는, 그러나 반복해서 정신을 집중해 천천히 읽으면 결국은 미묘한 감칠맛과 함께 이해되는, 독특한 문장들로 서술되어 있다. 또한 프랑스어 특유의 각종 관계대명사에 뒤이은 다수의 장황한 종속문들이 현재, 과거, 미래형의 복잡다단한 동사 시제를 동원해 주절 사이사이에 크고 작은 가지를 치며 증식하는 중층적 문장 구조의 전개 방식은 독자를 황홀하게 하는 동시에 극도로 혼란스럽게 하는 것이 사실이다. 뿐만 아니라 미완성인 텍스트답게 그의 문장 구조는 더러 논리에 맞지 않고 엉뚱한 현재분사 용법이 눈에 띄기도 하며, 문장 속에서 괄호가 열리면 도무지 닫힐 기미가 보이지 않을 정도로 괄호 속의 문장이 장황해져서 작자 자신이 길을 잃은 것이 아닌가 하는 느낌을 줄 때가 없지 않다. 다음으로 텍스트의 내용에서 사랑, 죽음, 예술 같은 심각하고 추상적이고 복잡 미묘한 문제들을 동적인 상태에서 깊고 미세하게 분석하고 음미하기 때문에 즉각적인 이해를 기대하는 소박한 독자, 명쾌한 스토리에 익숙한 독자들에게는 이해가 쉽지 않을 때가 있다.

천재들, 파리에 모여들다

1920년대가 시작되었다. 전쟁이 끝나고 마침내 평화가 찾아오자 파리는 예술의 수도로 우뚝 섰다. 한때 경쟁관계를 형성했던 오스트리아의 수도 빈이 합스부르크 제국의 해체와 함께 천년제국의 수도로서의 위상을 상실하면서 파리로의 쏠림 현상은 가속화되었다.

세잔, 피카소, 브라크, 만 레이, 뒤샹, 살바도르 달리 등으로 대변되는 입체파와 초현실주의 예술운동이 파리에서 꿈틀거렸다. 이와 함께 미국에서 태동한 새로운 사조가 파리로 흘러들었다. 이런 파리의 분위기를 호흡하려 미국의 거트루드 스타인, 어니스트 헤밍웨이, 스콧 피츠제럴드, 시드니 베케트 등이 파리로 건너와 작품을 쓰거나 연주활동을 했다.

건축에서는 스위스 출신의 건축가 르 코르뷔지에가 혁명적인 방법으로 건축물의 표정을 변화시키고 있었다. 미국 사진작가 만 레이는 1920년대와 1930년대 몽파르나스의 예술적 풍경과 카페 장면을 찍어 순간을 영원으로 승화시켰다. 2011년에 나온 우디 앨런의 영화 〈미드나잇 인 파리〉는 바로 이 시기의 파리를 다루고 있는데, 위에 언급된 인물 대부분이 〈미드나잇 인 파리〉에 등장한다.

장 콕토가 그린
프루스트

프루스트는 1919년 10월에 오스망 대로 102번지 아파트에서 아믈랭 가 44번지로 이사했다. 아믈랭 가는 프루스트가 태어난 16구의 라퐁텐 가와 가깝다. 프루스트는 아믈랭 가 44번지 아파트에서 말년을 보냈다. 만 레이는 종종 이 아파트를 찾아와 프루스트를 만났다.

프루스트는 자신의 작품처럼 여러 면에서 특별한 작가였다. 작가로서 그는 일체의 사적인 기록물을 남기지 않았다. 그는 자신이 받은 편지 또한 태워버렸다. 후대 연구가들이 시도할 만한 사적 기록물 연구를 원천적으로 차단했다.

1921년에 접어들면서 프루스트의 천식 합병증이 악화되었다. 거의 바깥출입을 삼간 채 힘겹게 원고를 써가고 있었다. 가정부 겸 비서 셀레스트 알바레만이 아파트에서 그를 돌보았고, 앙드레 지드가 종종 병문안하곤 했다. 지드는 1921년 5월의 일기에서 프루스트와의 만남을 이렇게 기록하고 있다.

그날 밤에도 역시나 대화의 주제는 동성애였다. 프루스트는 《꽃피는 처녀들의 그늘에서》를 통해 자신이 경험한 동성애에 얽힌 추억을 변형시켜 이성간의 부드럽고 매력적인 사랑을 묘사하는 데 이용한, 작가로서의 자신의 유약함을 후회한다고 말했다. 반면 자신의 소설 속에 표현된 동성애는 변태적이고 비열한 행위뿐이라는 것이다. 그러다가 내가 막상 그의 소설을 읽으며 그가 동성애를 비난하는 것 같다는 인상을 받았다고 하자 상처를 받은 것 같았다. 그는 나의 말을 부정했다. 나는 결국 우리에게 거부감을 불러일으키고 손가락질당하는 행위들이 그에게는 그렇게 혐오스럽게 느껴지지 않는다는 사실을 이해하게 되었다.

그렇다면 언젠가는 그가 말하는 에로스를 젊고 아름다운 형상을 한 인물을 통해 표현하지 않겠느냐고 내가 묻자 그는 우선 자신이 매력을 느끼는 것은 외적인 아름다움과는 전혀 상관이 없는 것이라고 대답했다. 아름다움과 욕망은 별개의 것이라고도 했다. 또한 젊음은 가장 변하기 쉬운 것이기에 그의 미적 기준에 적당하지 않다는 것이다.(《프루스트가 사랑한 작가들》)

1922년 초, 그는 가정부 겸 비서 셀레스트 알바레에게 《갇힌 여인》

과 《사라진 알베르틴》을 타이핑하게 했다.

여름을 넘기면서 만성 천식은 폐렴으로 발전했다. 죽음의 그림자가 다가오고 있었지만 작가는 일생을 바친 소설에 대한 확신으로 가득 찼다. 그는 이런 메모를 남겼다.

"사람들은 내 작품을 읽을 겁니다. 그래요, 온 세상이 내 작품을 읽을 겁니다. 두고 보세요, 셀레스트, 이 점을 잘 기억해 두세요. 스탕달은 100년이 지나서야 알려졌어요. 마르셀 프루스트는 50년이 채 걸리지 않을 겁니다."

가을이 되면서는 펜을 손에 쥘 힘도 없었다. 집필 대신 구술로 쓰는 방식으로 바꿀 수밖에 없었다. 1922년 11월 17일 늦은 밤이었다. 그는 셀레스트 알바레에게 소설 속의 허구의 작가 베르고트가 죽는 장면을 구술했다. 알바레는 이를 원고지에 받아썼다. 드디어 13년 만에 소설이 모두 끝났다. 그는 펜을 간신히 쥐고는 손을 부들부들 떨면서 마지막 힘을 모아 직접 'fin(끝)'을 써넣었다.

11월 18일 새벽, 그는 정신착란을 일으켰다. 정신이 오락가락하는 상태에서 이렇게 말했다.

"검은 옷을 입은 뚱뚱한 여자가 보인다."

이승에서 내뱉은 마지막 말이었다. 프루스트의 51년 생애는 이렇게

사망 직후의 모습
(만 레이 사진)

종지부를 찍었다. 마침내 그는 천식의 공포와 고통으로부터 해방되어 영원한 자유를 얻었다.

그의 부음은 금방 프랑스 문화계에 알려졌다. 가장 먼저 아믈랭 가 44번지로 달려온 사람은 사진작가 만 레이였다. 만 레이는 방금 전 눈을 감은

아믈랭 거리.
멀리 에펠탑이 보인다.

채 침대에 누워 있는 프루스트의 사진을 촬영했다. 프루스트는 오랫동안 수염을 깎지 않아 털이 얼굴의 절반 가량을 뒤덮고 있었다. 만 레이의 사진이 프루스트의 데드마스크가 되었다. 그의 장례식은 11월 22일 열렸고, 페르 라셰즈 묘지에 안장되었다.

나는 프루스트의 부음을 접한 사진작가 만 레이가 되어 아믈랭 가 44번지로 가보기로 했다. 지하철 9호선 이에나 역에서 내린다. 역사를 나오면 '기메 아시아 미술관'이 보인다. 아믈랭 가는 이 미술관 뒤편에 있다. 보통 기메 미술관으로 불리는 이곳은 꼭 기억해 둘 필요가 있다. 기업가이자 오리엔탈리스트 기메가 수집한 인도, 중국, 일본, 한국 등 아시아 미술품을 전시하는 공간이다. 이 미술관은 앙코르와트 미술에 관한 한 세계 최고다.

기메 아시아 미술관을 오른편에 두고 야트막한 오르막길을 오른다. 아믈랭 가는 좁은 골목길이다. 아믈랭 가 44번지로 걸어가면서 나는 긴장했다. 과연 파리는, 아니 프랑스는 어떻게 프루스트가 마지막 숨을 내쉰 장소를 기리고 있을 것인가.

프루스트가 살았던 아파트는 '엘리제 유니옹' 호텔로 변해 있었다. 작고 아담한 호텔 외벽에 플라크가 붙어 있었다. 플라크를 읽어내려 간다.

"프루스트는 1910년 10월에 이곳에 와 머물다가 1922년 11월에 생을 마감했다."

플라크에는 객관적인 사실 외에도 다른 문장이 새겨져 있었다.

"우리는 그를 묶었다. 어두운 밤 내내 창들은 밝혀져 있었고, 책들은 세 권씩 놓여 있었다. 그 책들은 마치 날개를 편 천사처럼 나를 바라보고 있었다."

《잃어버린 시간을 찾아서》의 《꽃을 단 소녀들의 그림자》 편에 나오는 대목이라는 설명이 덧붙어 있었다.

호텔을 둘러보면서 나는 다음에 파리에 오면 반드시 이 호텔에서 하룻밤을 묵겠노라고 다짐했다. 길을 기억해 두기 위해 등을 돌려 온 길

호텔로 변한 아믈랭 가 44번지 아파트. 2층 벽에 프루스트를 기리는 플라크가 붙어 있다.

을 내려다보았다. 뜻밖에도 에펠탑의 날렵한 선이 한눈에 들어왔다. 파리에서는 어디에서든 에펠탑을 피할 수 없다. 파리지엥에게 죽음이 란 '에펠탑을 보지 못하게 되는 것'은 아닐까.

이 아파트에서 프루스트의 마지막을 지켜보았던 침대, 책상, 지팡이, 회중시계 등 가재도구들은 현재 카르나바레 역사박물관에 보존되어 있다. 파리 중심가 마레 지구에 있는 이 박물관은 서울의 역사박물관 같은 곳이다.

롤랑 바르트와 프루스트

위대한 작품은 언제나 후대 작가들에 의해 새롭게 해석되고 평가되 면서 시간의 파도를 거스르며 영원성을 축조해 간다. 프루스트의 작품 을 새로운 차원으로 끌어올린 대표적인 인물이 질 들뢰즈와 롤랑 바르 트다. 대학 시절 인문과학이나 사회과학을 공부한 사람은 들뢰즈와 바 르트가 낯설지 않다.

《잃어버린 시간을 찾아서》는 2차 세계대전 직후 대중의 관심에서 벗 어났다. 오랜 전쟁으로 피폐해진 사람들에게 1900년대 파리의 화려한 살롱 이야기는 한가롭게 비쳤다.

프루스트가 재평가된 것은 유럽 재건이 어느 정도 이뤄지고 전쟁의 상처가 아물어가던 1960년대였다. 이 시기는 구조주의와 기호학이 붐 을 일으킨 시기와 겹쳐진다. 1964년 들뢰즈는 《프루스트와 기호》라는 평론집을 통해 프루스트에 대한 재해석의 불을 지폈다. 3년 뒤인 1967 년에는 《프루스트와 이름》에서 프루스트를 구조주의 기호학적 관점에 서 재해석한다.

롤랑 바르트는 프루스트를 만난 적이 없다. 1915년생인 바르트는 1922년 프루스트가 눈을 감았을 때 일곱 살이었다. 그는 《잃어버린 시간을 찾아서》라는 텍스트를 통해 프루스트를 만났다. 그는 《잃어버린 시간을 찾아서》를 머리맡에 자리끼처럼 두고 마치 기독교인이 성경을 읽듯 20년간 수없이 읽고 또 읽었다. 마치 공자가 《주역》을 닳고 닳도록 읽어 위편삼절(韋編三絶)이 된 것처럼. 이런 과정을 통해 난해하게만 보이는 소설을 지배하는 어떤 원칙과 체계를 발견하고자 했다. 읽는 횟수가 거듭될수록, 비평가의 나이가 들어갈수록 새 법칙이 발견되었다. 《프루스트와 이름》의 첫 문장은 유명하다.

"우리는 《잃어버린 시간을 찾아서》가 글쓰기에 관한 이야기라는 것을 안다."

주인공 마르셀의 사랑 얘기도 아니고, 샤를뤼스의 동성애에 관한 이야기도 아니라는 주장이다. 이런 것들은 주인공 마르셀이 글을 쓰려는 욕망을 되찾게 되는 과정에서 등장하는 배경음악에 불과하다는 것이다. 이 지점에서 불문학자 유예진의 해석을 참고할 필요가 있다.

프루스트의 회중시계

"바르트에 의하면 프루스트에게 지명이나 인명 같은 고유명사는 그 자체로 복합적인 의미를 갖는 해독 대상의 기호다. 실제로 소설 속 무대가 되는 콩브레, 발베크는 그 이름 안에 고유의 문화와 역사를 내포하고 있다. 스완, 게르망트 같은 이름은 단지 한 개인을 칭하는 수단이 아니라 각 개인의 가족, 사회, 역사 등을 상징적으로 드러낸다. 마르셀이 특정 고유명사의 의미를 파악하게 될 때마다 그는 세상을 파악하게 된다. 이런 의미에서 바르트는 《잃어버린 시간을 찾아서》에 언급되는 고유명사를 모아 의미를 분석한다면 그 자체로 한 권의 백과사전을 만들 수 있을 것이라고 한 것이다."

바르트는 1971년 《'잃어버린 시간을 찾아서'에 관한 어떤 생각》에서 또 한 번 새로운 시도를 시작한다. 이 작품의 전체를 지배하는 것은 '반전의 법칙'이라는 주장이다. 주인공 마르셀에 의한 '인물과 상황의 관찰 → 가정, 추론 → 반대 사실 확인'이라는 과정이 반복된다는 것이다.

바르트는 '콜레주 드 프랑스' 교수 시절 4권의 작품을 발표한다. 그중 1973년에 나온 《텍스트의 기쁨》에서 자신의 삶에 프루스트가 어떻게 관여하고 있는지를 보여주는 방식을 통해 이 작품을 해석한다. 이것은 앞서 시도해 온 구조주의적 접근법과는 차이가 있다. 《텍스트의 기쁨》의 일부분을 읽어본다.

"프루스트는 세상을 읽는 완전한 체계다. 다시 말해 이 설명이 매력적이라는 이유만으로 프루스트의 체계라는 것을 조금이라도 인정한다면 우리의 일상생활에서 벌어지는 사건, 만남, 모습, 상황에서 프루스트가 한 번이라도 언급하지 않은 것을 찾아볼 수 없다는 것이다. 프루스트는 나의 기억, 나의 문화, 나의 언어가 될 수 있다. 마르셀의 할머니가 세비녜 부인을 '떠올렸던 것'처럼 나는 언제라도 프루스트를 떠올릴 수 있다. 프루스트를 읽는 기쁨(아니, 다시 읽는 기쁨이라는 표현이 더 정확하다)은 신성함과 경의를 빼고 성경을 참고하는 것과 같은 행위에서 느껴지는 기쁨이다."

1980년 2월 어느 날, 바르트는 '콜레주 드 프랑스'에서 '프루스트와 사진'을 강의하기로 되어 있었다. 그런데 강의 준비를 위해 슬라이드 확인 작업을 하고 돌아오던 중 교통사고를 당해 숨지고 만다.

마지막 안식처

이제 마지막 발길은 프루스트의 안식처다. 평생을 천식의 고통에서 지내야 했던 사람, 평생을 세상의 이목을 피해 동성애자로 살아야 했던 사람, 지독한 고독 속에서 오로지 글쓰기에만 모든 것을 쏟아부은 사람, 마르셀 프루스트.

프루스트는 페르 라셰즈 묘지 85구역 90번에 있다. 페르 라셰즈 묘지는 앞서 '오노레 드 발자크' 편에서 이미 한 번 찾아온 일이 있으니 낯설지 않다. 그래서일까. 85구역을 찾아가는 데는 어려울 게 없었지만 90번을 찾는 데는 시간이 걸렸다. 85구역 중간길 네 번째가 90번 묘다. 프루스트 묘지는, 다른 작가의 묘지와 다를 것이라고 기대했다. 지구 상에 없던 소설을 써낸 사람이니까. 마땅히 프루스트답기를 나는 희망했다.

프루스트 묘지를 어렵게 찾았을 때, 실망이 찬바람처럼 혹 하고 스

페르 라셰즈 묘지의
프루스트 묘

쳤다. 너무 평범해 보이는 가족묘에 영면하고 있어서다. 가족묘는 값비싼 오석(烏石)으로 꾸며져 있었다. 프루스트는 부모 이름 다음으로 새겨져 있다. 의대 교수를 지낸 동생 로베르 프루스트의 이름도 보였다. 그러다 문득 프루스트가 독신으로 살다 죽었다는 생각이 떠올랐다. 특별히 장례에 관한 유언을 남기지 않는 한 망자(亡者)는 자신의 장례식에 털끝만큼도 관여할 수 없다.

전세계의 수많은 이들이 프루스트에게 찬사를 남겼다. 그의 묘에 음각되어 있는 이름을 손끝으로 만지면서 나는 그 중 몇 가지를 떠올렸다.

"《잃어버린 시간을 찾아서》를 읽지 않고는 문학을 논할 수 없다."(T. S. 엘리어트)

"세상에는 두 종류의 사람이 있다. 프루스트를 읽은 사람과 읽지 않은 사람이다."(앙드레 모루아)

"프루스트는 거창하거나 추상적인 것을 말하지 않았다. 그는 사소함의 위대함을 아는 작가였다."(번역자 김희영)

보부아르,
행동하는 지성
1908~1986

카페에서 글을 쓰는 여성

여자들이 세계의 크고 작은 모든 일에 참여하기 시작한 오늘날에도 이 세계는 아직 남자들의 손에 꼭 쥐여 있다. 남자들은 그것을 조금도 이상히 여기지 않는다. 여자들도 그것을 거의 대수롭게 여기지 않는다. '타자'가 되기를 거부하고 남자와의 공모(共謀)를 거부하는 일은, 여자들에겐 상층 계급인 남성 사회가 자기들에게 부여할지도 모르는 이익을 단념하는 일이 된다. 영주(領主)인 남자는 가신(家臣)인 여자를 물질적으로 보호해 주고 그 삶의 도덕적 정당화를 책임진다. (……) 그러므로 여자를 '타자'로 만들어버리는 남자는 여자 속에서 뿌리 깊은 공범 기질을 발견한다. 이와 같이 여자는 구체적인 수단을 갖고 있지 않기 때문에, 상호성을 인정하지도 않고 자기가 남자에게 복종하는 것이 필연적이라고 느끼기 때문에, 또는 '타자'라는 자신의 역할에 만족하기 때문에, 자기가 주체가 되기를 원하지 않는다.

사회생활을 시작한 20~30대 여성들은 이 글에 대부분 크게 공감할 것이다. 시험을 보고 대학에 당당히 입학할 때까지만 해도 여학생들은 사회가 얼마나 남성 중심적인지를 체감하지 못한다. 그러나 사회에 진출해 세상을 경험하면서 여성들은 냉엄한 현실에 서서히 눈을 뜬다.

위에 인용한 글은 시몬 드 보부아르가 1949년에 쓴《제2의 성》프롤로그의 일부분이다. 지금으로부터 66년 전에 여성 작가가 프랑스의 현실에 분노하면서도 냉정하게 써낸 책이다.

나는 대학 시절《제2의 성》을 읽은 적이 없음에도 오랫동안 이 책을 읽었다고 생각해 왔었다. 보부아르를 공부하면서《제2의 성》을 처음부터 꼼꼼히 읽기 시작했고, 비로소 내가 이 책을 제대로 읽은 적이 없다는 것을 깨달았다. 그런데 나는 왜《제2의 성》을 읽었다고 착각하고 있었을까.

나는 1997년에《딸은 죽었다》라는 책을 썼다. 이 책은 한국 사회에 만연한 여성차별의 실상을 철저하게 남성의 관점에서 쓴 책이다. 나는 내가 이런 책을 쓰게 될 줄은 상상도 하지 못했다. 나는 대학 시절 소박한 정의감만 갖고 있던 평범한 학생이었다. 그랬던 내가 어찌 여성차별을 고발하는 책을 써냈을까.

그것은 지극히 사적인 이유에서였다. 나는 1993년 첫 아이로 딸을 얻었다. 누구나 다 그런 것처럼 나 역시 '딸 바보'가 되었다. 나는 아내가 첫아이를 가졌을 때부터 육아일기를 수년간 써왔다. 첫아이로 딸을 낳은 것은 우연이다. 그런데 이 우연이 나의 세계관을 바꿔놓았다. 딸을 키우면서, 딸에 대한 사랑이 깊어가면서 나는 무거운 책임감으로 딸아이가 부딪히게 될 현실을 하나씩 새롭게 직시하게 되었다.

후배 여기자가 내 눈에 씌워진 편견의 색 렌즈를 벗게 하는 데 큰 도움을 주었다. 후배의 한마디 한마디에 나는 그 동안 세상의 반쪽에 눈을 감고 있었음을, 달리 말하면 왜곡된 편견 속에서 세상의 반쪽만을 보고 있었음을 깨달았다. 일단 눈이 뜨이자 매일매일 엄청난 일들이,

카페 되마고에서 글을 쓰는 보부아르

과거에는 보이지 않던 것들이 보이기 시작했다. 말도 안 되는 여성차별이 도처에서 난무했다.

이것은 내가 만일 딸을 키우지 않았다면 깨닫지 못했을 것이다. 그때 나는 여성차별이 심화된 사회에서 여성이 여성을 남성과 같은 논리로 차별하고 있다는 놀라운 사실을 발견했다. 나는 《제2의 성》을 읽은 적이 없지만 보부아르의 사상을 상당 부분 공유하고 있었던 것이다.

작가를 꿈꾸던 청춘 시절, 작가 보부아르는 한 장의 사진으로 나의 뇌리에 강렬하게 각인되었다. 파리의 한 카페에 앉아 자료를 펼쳐놓고 글을 쓰는, 저 유명한 흑백 사진. 높은 천장, 작은 탁자, 하얀색 벽, 그리고 모슬린 커튼을 통과해 은은하게 부서지는 햇살…….

한적한 카페에서 보부아르는 너무도 익숙한 자세로 자연스럽게 집필에 몰두하고 있었다. 그녀는 무슨 글을 쓰고 있었던 것일까. 해외여행은 꿈도 꾸지 못하던 그 시절 나는 이 사진을 통해 파리를 꿈꿨다. 파리에서는 카페에서 글을 쓴다는 사실을 안 것도 이때가 처음이었다.

이 사진은 여성에 대한 인식의 지평을 확장시켰다. 마네, 모네 등 인상파 화가들의 그림에서 묘사된 여성은 언제나 천편일률적이었다. 코르셋을 착용해 잘록한 허리선, 풍만한 가슴, 깃털로 장식된 챙이 넓은 모자, 발끝이 보일 듯 말 듯한 긴 치마, 그리고 양산. 이런 의상을 입은 여성들 옆에는 으레 팔을 빌려주는 남성들이 있었다. 인상파 화가들의 그림에 워낙 오랜 세월 노출되다 보니 파리의 여자들은 으레 저런 불편하면서도 '우아한' 드레스를 입는 것으로 생각했다. 인상파 화가의 그림에 등장하는 여성들은 하나의 경향이 있다. 그들은 양산을 들었거나 꽃을 꽂고 있거나 피아노를 치거나 남자들과 파티에서 웃고 즐기는 모습이 대부분이다. 지적 활동을 하는 여성의 모습은 이상하게도 드물었다. 그런데 보부아르는 이런 프랑스 여성에 대한 통념을 깨버렸다. 보부아르는 흰색 블라우스에 헐렁해 보이는 바지를 입은 채 만년필로 글을 쓰고 있었다.

사실 페미니스트나 사회학자가 아닌 이상 《제2의 성》을 통해 보부아르를 만난 사람은 소수에 불과할 것이다. 많은 여성들이 연극 〈위기의 여자〉로 보부아르를 만나기도 했다. 배우 박정자가 연기한 주인공 모니크로! 〈위기의 여자〉는 1986년 4월 1일 서울 산울림소극장에서 연출가 임영웅이 연출하고 부인인 불문학자 오증자의 번역으로 한국 관객과 처음 만났다.

연극 〈위기의 여자〉는 임영웅, 오증자 커플이 아니었으면 무대에 올려지는 게 불가능했을 것이다. 당시 보부아르는 한국 연극계에서 금기시된 작가였다. 지독한 성차별사회인 한국에서 보부아르는 '드센' 여자쯤으로 간주되었다. 모두가 보부아르의 작품을 무대에 올리면 실패한다고 했지만 임영웅, 오증자 부부의 생각은 달랐다. 좋은 작품이니까 흥행에 상관없이 무대에 올려야 한다고 생각했다. 이 진심이 관객을 움직였다. 예나 지금이나 연극 객석을 채우는 주요 관객은 20대 여성들이다. 그런데 〈위기의 여자〉는 소극장과 별로 친하지 않은 전업주부들까지 극장으로 이끌었다. 7개월간 무려 5만 명 이상이 산울림소극장을 찾았다. 연극계의 대사건이었다.

최초의 저항

시몬 드 보부아르는 1908년 1월 9일 파리에서 생(生)을 받았다. 아버지 조르주 드 보부아르는 법률비서였고, 어머니 프랑수아 드 보부아르는 부유한 은행가의 딸이었다. 아버지는 언변에 능한 매력적인 사람으로 젊은 날 배우를 꿈꾼 적도 있었다. 어머니는 외할아버지로부터 결혼 때 받지 못한 지참금을 유산으로 받기로 되어 있었다. 시몬 아래로 두 살 터울의 여동생 헬렌이 있었다.

1900년대 초반 파리는 귀족사회의 전통이 끝물이긴 하지만 완강하게 남아 있었다. 귀족이 운영하는 유명 살롱은 여전히 신분과 재산으로 출입 여부를 심사했다. 아버지는 상류사회 진입을 갈망했지만 그 꿈은 끝내 이뤄지지 않았다.

보부아르는 다섯 살 때 상류층 자제들이 다니는 데지르 사립 중등학교

19세기 말에서 20세기 초의 파리 살롱. 보부아르의 아버지는 끝내 상류사회에 진입하지 못했다.

에 입학했다. 보부아르는 부모의 사랑과 관심을 듬뿍 받으며 걱정 없는 즐거운 나날을 보냈다. 여름 휴가철이 되면 외할아버지의 시골집에 내려가 여름을 보내곤 했다. 겉으로 보기에, 보부아르의 어린 시절은 더할 나위 없이 행복해 보였다.

유럽을 피로 물들인 1차 세계대전은 보부아르 집안을 강타했다. 아버지는 1차 세계대전 발발로 인해 재산의 상당 부분을 날렸다. 이런 상황에서도 아버지는 부르주아 신분을 유지하려 안간힘을 썼다. 설상가상으로 은행가인 외할아버지로부터 어머니가 받기로 했던 지참금이 하루아침에 공중으로 날아갔다. 이와 함께 지참금으로 변호사 사무실을 개업하려던 아버지의 꿈도 산산조각이 났다. 좌절한 아버지는 변호사 개업의 꿈을 포기하고 제화공장 직원, 신문사 광고 담당 직원 등을

전전하며 생계를 꾸렸다.

어머니는 두 딸을 사립 수녀원학교에 보내고 싶어 했다. 여기에는 그럴만한 이유가 있었다. 보부아르는 어린 시절 잠깐 자신이 성직자적 성향이 있다고 여겨 수녀가 되겠다고 생각한 적이 있었다.

부모가 밥상머리에서 주고받는 이야기는 은연중에 자식들의 사고 방식과 가치관 형성에 깊은 영향을 미친다. 어머니는 독실한 가톨릭 신자였지만 아버지는 무신론자였다. 도덕 교육은 어머니가 맡았고, 학교 공부는 아버지가 돌봤다. 부모는 금슬이 좋은 것 같으면서도 도저히 맞지 않는 부분이 엄존했다. '독실한 가톨릭 신자'라는 말에서 추론할 수 있는 것처럼 어머니는 전통적인 세계관과 가치관에 맹종하는 타입이었다. 아버지는 이에 반해 합리주의자이며 회의론자를 '자처'했다.

부모의 상반된 성향과 사고방식이 자아형성기의 어린 딸에게 고스란히 스며들었다. 부모는 이것이 딸에게 어떤 영향을 미치는지에 대해서는 전혀 짐작조차 못했다. 훗날 보부아르는 저서 《처녀 시절》에서 어린 시절의 이야기를 이렇게 술회했다.

젊은 시절의 보부아르

"아버지의 개인주의와 무종교적 윤리 기준은 어머니가 가르친 엄격한 도덕적 관습과 완전히 부딪쳤다. 이런 종류의 불일치가 내 인생을 끝없는 논쟁으로 이끌었고, 훗날 내가 지식인이 되기로 한 주요한 이유였다."

보부아르는 열네 살 때 가톨릭교를 버렸다. 프랑스에서는 프랑스인 부모 밑에서 태어나는 순간부터 누구나 가톨릭교도가 된다. 이슬람 부모를 두지 않았다면 말이다. 이것은 운명이다. 그런데 사춘기 소녀는 그 모태신앙과 당돌하게 '아듀'를 고했다. 모든 속박으로부터 벗어나 자유롭게 살고 싶다는 최초의 저항! 이것은 정신교육을 책임졌던 어머니 입장이나 데지르 학교에서는 감히 상상조차 할 수 없는 일이었다.

이는 보부아르의 비범함이 최초로 드러난 사건이었지만 주변에서는 이를 깨닫지 못했다. 상류사회 편입에 실패한 부모는 딸에게 상류사회 아가씨의 규범에 대해 귀에 못이 박히도록 학습시켜 왔다. 어머니는 딸이 고분고분 받아들이고 있다고 믿고 있었다.

소르본의 여학생

종교와 가치관 문제로 가정과 학교에서 갈등을 겪는 가운데서도 보부아르는 대학 진학을 결심했다. 고등학교 졸업 자격시험인 바칼로레아에 합격한 그녀는 소르본 대학에 입학해 철학을 공부하고 싶었다. 세상 모든 일에 궁금한 게 많았던 그녀는 막연하게나마 철학을 공부하면 철학이 자신의 물음에 답을 줄 것으로 기대했다. 그리고 대학 졸업 후에는 고등학교 교사를 하고 싶었다. 1925년 10월, 보부아르는 꿈에 그리던 소르본 대학의 1학년 학생이 된다.

21세기 한국인의 눈으로 보면 보부아르의 대학 진학 결심은 특별할 게 하나도 없다. 그러나 20세기 초 프랑스에서 여성의 대학 진학은 매우 특별한 의미가 있었다. 상류사회의 딸자식은 대학 진학을 하는 경우가 거의 없었다. 그들은 부모로부터 지참금을 받아 상류사회의 아들과 결혼하는 게 관습이었다. 대학 진학은 부모가 지참금을 마련해 줄 형편이 되지 않을 경우 직업을 갖기 위한 방편으로 여겨졌던 시절이다. 앞서 언급한 것처럼 아버지는 지참금을 챙겨줄 여력이 없었다. 보부아르에게는 대학 진학만이 이런 복잡한 현실에서 벗어날 유일한 출구였다.

이런 사정 속에서 보부아르는 소르
본 대학 첫 학기 수업을 듣게 된다. 하
지만 비범한 그녀에게 소르본 대학의
강의는 실망스러웠고 지루하기 짝이
없었다. 그는 문학에서 위안을 찾았
다. 우리는 이 대목에서 프라하의 프
란츠 카프카, 페테르부르크의 도스토
예프스키 등을 떠올리게 된다. 두 사
람 역시 지루하고 억압적인 학교생활
에 적응하지 못하면서도 광대한 문학
의 바다에서 비로소 자유를 느끼지 않
았던가.

보부아르는 이렇게 소르본 대학을
졸업한다. 보부아르는 소르본 대학에
서 학사학위를 받은 아홉 번째 여성이
었다. 이 사실은 우리의 상식과는 달
리 프랑스가 20세기 초까지만 해도 얼
마나 여성차별적 사회였는지를 그대로 보여준다.

소르본 대학 앞 광장

소르본 대학에 가보자. 소르본이 위치한 곳은 라틴 지구다. 로마제
국이 파리를 점령했을 당시 그 범위는 시테 섬과 바로 아래 지역까지였
다. 이곳의 거주민들은 로마제국의 언어인 라틴어를 사용했다고 해서
'라틴 지구'가 된다. 소르본 대학으로 가는 방법은 여러 가지가 있지만
나는 생제르망 대로에 있는 지하철 10호선 '클뤼니 라 소르본' 역에서
가는 길을 택했다. 물론 시테 섬의 노트르담 성당에서 쉬엄쉬엄 걸어도
20분이면 닿는 거리다.

위 **생제르망 데 프레와
소르본 대학 이정표**
아래 **소르본 광장
안내판**

소르본 역 천장의
서명들

'클뤼니 라 소르본' 플랫폼에 내리면 어느 역과 다르다는 느낌이 든다. 승강장 양쪽 벽면의 '소르본'이라는 역명의 서체도 평범하지 않다. 더 눈여겨 볼 것은 플랫폼의 천장이다. 프랑스의 대표적 지성들의 육필 서명을 천장에 모자이크 장식처럼 붙였다. 친필 서명들 사이사이에 다양한 색깔의 타일로 화려한 그림을 그려놓았다. 마치 비잔틴제국 돔 성당의 천장화처럼. 그런데 조금 답답했다. 친필 사인이다 보니 누가 누군지 알아보기가 힘들어서다. 가장 먼저 파스칼이 눈에 띄었다. 그리고 라신의 이름도 찾아낼 수 있었다. 다른 친필들은 도저히 알아볼 수가 없었다. 보부아르의 친필 사인을 찾아보았지만 확인이 불가능했다.

'클뤼니 라 소르본' 역을 나와 생미셸 대로를 따라 남쪽으로 조금 걸어간다. 왼편에 직사각형의 광장이 나타난다. 소르본 광장이다. 이 광장에서 소르본 대학의 정문을 보면 정문 양옆으로 소르본 대학의 토대를 만든 인물의 동상이 세워져 있다. 소르본 대학은 프랑스 대혁명 기

간 동안 탄압을 받았다. 소르본 대학이 18세기의 자유주의 철학에 반대하는 입장을 보여 혁명세력에게 미움을 샀던 탓이다.

소르본 대학은 1253년, 루이 9세의 고해신부였던 로베르 드 소르본에 의해 파리 대학의 본부 대학으로 세워졌다. 1469년 독일 마인츠로부터 금속활자 인쇄기를 들여와 프랑스 최초의 인쇄소가 소르본 대학에 세워진다. 왜 마인츠일까? 마인츠는 1450년 금속활자 인쇄술을 발명한 구텐베르크의 고향이면서 세계 최초의 인쇄소가 세워진 곳이다. 프랑스는 그로부터 불과 19년 뒤에 금속활자 인쇄소를 갖게 된다. 인쇄소를 갖게 된 소르본 대학은 지식과 정보의 발전소 역할을 하며 프랑스 정신과 지성의 산실이 된다.

생미셸 광장의 분수

라틴 지구에 왔다면 소르본 대학과 함께 반드시 둘러볼 곳이 있다. 생미셸 광장이다. 시원하게 물을 뿜어내는 분수가 있는 이곳은 봄, 여름, 가을 만남의 광장으로 인기가 높다. 파리 시내 어느 곳에서도 오기가 편하다. 광장에는 다양한 '거리 예술가'들이 모여 파리의 낭만을 연주하고 그린다.

그러나 1871년 이곳은 살벌했다. 보불전쟁이 프랑스의 참담한 패배로 끝난 직후 이곳 생미셸 광장에서 세계 최초의 공산주의 봉기인 '파리 코뮌'이 일어났다. 파리 코뮌은 불과 2개월 만에 정부군에 의해 진압되었다. 1968년 5월, 파리의 지식인들과 대학생들이 일으킨 '68혁명'의 중심지 역시 생미셸 광장이었다. 보부아르는 사르트르와 함께 '68혁명'에 참여했다.

운명의 남자, 사르트르

1929년은 운명의 해. 이별의 슬픔과 만남의 기쁨이 교차했다. 데지르 학교 시절, 마음이 통했던 친구 엘리자베트 마비유가 뇌막염으로 요절했다. '자자'라고도 불렸던 마비유는 결혼을 원하는 사랑하는 사람이 있었으나 부모의 반대로 절망에 빠져 괴로워하던 중 뇌막염에 걸려 사망한다. 자립심이 유달리 강했던 친구 자자의 죽음은 보부아르 인생에서 결코 잊을 수 없는 슬픔의 결정으로 남는다. 자자와의 추억은 훗날 《좋은 집안의 딸에 대한 추억》이라는 에세이집으로 출간된다.

같은 해 6월, 보부아르는 파리 고등사범학교 후보생을 위한 선발시험에 응시했다. 사르트르 역시 이 선발시험을 치렀다. 합격자 발표가 났다. 1등은 사르트르, 2등은 보부아르였다. 사르트르는 이미 파리 고등사범학교에서 공부와 기행으로 이름이 알려졌다. 두 사람이 처음 만난 건 이때였다.

보부아르는 스물둘, 사르트르는 스물다섯. 사르트르와의 첫 만남에서 그녀는 사르트르의 지적 능력에 매료되었다. 사르트르가 극심한 사시(斜視)라는 신체적 결함 따위는 아무런 장애가 되지 못했다. 사르트르 역시 보부아르의 비범함을 알아차렸다. 비록 첫인상은 "예쁘긴 하나 끔찍한 옷차림"이었지만 말이다.

이즈음 보부아르는 여자가 자유롭고 독립적인 인간으로 살려면 무엇을 어떻게 해야 하는지를 스스로 깨우쳐가고 있었다. 부르주아적 가치관과 사고방식은 물론이고 기성의 모든 제도나 관습과 절연해야 한다고 믿었다. 스스로 반역자이자 이단자가 되어야 했고, 보부아르는 그 길을 가기로 결심했다. 그녀는, 회의론자이며 무신론자였던 아버지가 자신이 추구하는 삶을 이해하고 응원해줄 것으로 믿어 의심치 않았다. 하지만 아버지는 딸이 지향하는 삶의 방식에 정색하고 반대했다. 딸에게 반항적 가치에 눈을 뜨게

한 아버지가 정작 딸이 그 길을 선택하겠다고 하자 비난했다는 사실! 보부아르가 아버지에게서 느꼈을 배신감이 어땠을까. 그날 이후 보부아르는 자신의 정신세계에서 아버지를 영구 삭제한다.

사람은 자신이 갖지 못한 것을 가진 사람을 좋아하는 습성이 있다. 서로 보완적 관계일 때 그 결합은 지속 가능하다. 피에르 퀴리와 마리 퀴리 부부가 대표적 사례다. 퀴리 부부는 서로의 성격과 연구 분야에서 가장 이상적인 상호 보완적 관계였다.

그 반대의 경우도 성립된다. 사람은 자신과 비슷한 처지에 있는 사람에게 동병상련의 감정을 느낀다. 보부아르가 사르트르에게 빠진 또 다른 이유는 '아버지의 부재'라는 공통분모였다. 사르트르는 1905년 6월 21일 파리에서 났다. 그런데 태어난 지 1년도 안 되어 아버지가 사망했다. 사실상 사생아 아닌 사생아가 되었다. 알베르트 슈바이처의 사촌누이였던 어머니는 아들을 데리고 친정으로 들어갔다. 사르트르는

외갓집에서 유년기의 10년을 보낸다. 사르트르는 태어나면서부터 아버지가 존재하지 않는다는 현실을 인정하고 받아들여야 했다. 어린 사르트르가 받았을 그 상처의 깊이를 과연 누가 헤아릴 수 있을까. 그는 자연스럽게 기성 체제, 자본주의에 대한 반역으로 사회주의에 빠져들었다.

정신적으로 아버지를 부정한 여자와 아버지가 기억에 없는 남자의 만남! 가정에서 아버지는 자녀에게 사회로 난 창(窓)이고, 곧 제도와 법률의 총체다. 의기투합한 두 사람이 만나 무엇을 도모했겠는가. 그것은 아버지를 부정하는 일, 즉 기성 체제를 부정하는 일이었다. 두 사람은 기존 질서를 증오하며 이를 깨부수는 일에 도전하기로 한다. 이런 연유에서 두 사람의 도전은 개인주의적 반역이라고도 평가받는다.

사르트르와 보부아르

훗날 보부아르는 사르트르와의 만남과 관련해 이렇게 회상했다.

"사르트르는 내 열다섯 살 때의 소원에 딱 들어맞았다. 그는 또 하나의 나였고, 나의 모든 열정을 극단적으로 지니고 있었다. 그와는 언제나 무엇이건 뜻이 맞았다. 8월 초 여름방학에 그와 잠시 헤어졌을 때, 나는 그가 다시는 내 인생에서 떠나지 않으리라는 것을 알고 있었다."

보부아르는 사르트르와 평생을 함께 하기로 결심했다. 사르트르와 만난 지 얼마 후 그녀는 부모 집에서 나

와 할머니 집으로 들어간다. 교사자격증을 땄지만 한동안 교사 발령이
나지 않았다. 그녀는 과외와 임시교사로 생활비를 벌었다. 할머니에게
하숙비를 내고도 충분히 쓸 돈이 있었다. 부모의 속박에서 벗어나 경
제적 자유를 마음껏 누렸다.

결혼을 결심한 사르트르는 허락을 받기 위해 보부아르의 아버지를
찾아갔다. 하지만 사르트르는 연인의 아버지로부터 결혼을 허락할 수
없다는 대답을 들었다. 두 사람은 결혼을 원했지만 현실적으로 결혼할
수 없는 상태에서 지내게 된다.

어느 봄날이었다. 두 사람은 루브르 박물관에 갔다가 안마당 벤치
에 앉아 쉬고 있었다. 사르트르가 오랫동안 마음속에 품고 있던 생각
을 보부아르에게 꺼냈다.

"우리 2년간 계약결혼에 서명합시다."

"결혼은 불가능해요. 나는 지참금이 없어요."

사르트르는 보부아르에게 '계약결혼'에 대해 설명했다. 1929년 10월,
보부아르는 사르트르가 제안한 2년간의 계약결혼에 합의한다. 두 사
람은 아이를 낳지 않고 서로의 사생활은 간섭하지 않기로 세부조건에
합의했다. 세 가지 합의사항은 다음과 같다.

첫째, 서로 사랑하고 관계를 지키는 동시에 다른 사람과 사랑에 빠지는 것
을 허락하는 데 동의한다.

둘째, 상대방에게 거짓말을 하지 않으며, 어떤 것도 숨기지 않는다.

셋째, 서로 경제적으로 독립된 생활을 한다.

계약결혼은 실존주의 철학에 입각한 방안이었다. 인간은 고독한 존
재지만 최대한의 자유를 누릴 자격이 있는 존재라고 사르트르는 믿었

고, 계약결혼은 그를 위한 하나의 방편이었다. 계약결혼은 처음에는 2년 시한이었지만 계속 계약이 연장되어 두 사람의 관계는 51년 동안 지속된다. 1929년 11월, 사르트르가 군에 입대했다. 19개월의 군복무 기간 중 사르트르는 휴가를 나올 때마다 보부아르를 만나곤 했다.

두 사람은 함께 동거한 적이 없다. 각기 다른 집에 살면서 약속한 시간에 만나 함께 시간을 보냈다. 서로가 서로에게 부담이 되는 일은 철저히 배제했다. 함께 살지 않으니 식사, 청소, 빨래와 같은 일을 어느 일방에게 부담 지우는 일도 발생하지 않았다.

두 사람은 시간이 넘쳤다. 이를 활용해 보부아르는 학위 과정을 이수했고, 정치 집회에 참여했고, 여행을 했고, 글을 썼고, 아이들을 가르쳤고, 그리고 복수의 연인들과 짬짬이 연애를 즐겼다. 이러한 형태의 계약결혼은 역사 이래 누구도 시도해 본 적이 없는 것이었다. 교사로서 생활은 보장받고 책임은 지지 않는 이런 라이프스타일은 '프티부르주아' 지식인과 흡사하다는 이유로 비판을 받기도 했다.

보부아르와 사르트르. 두 사람의 계약결혼은 지금 기준으로 봐도 혁명적이다. 두 사람은 서로의 사생활을 간섭하지 않고 존중하면서도 지적 동반자 관계는 반석처럼 견고했다. 그들은 20세기 지성계의 이상적인 커플로 받아들여진다. 두 사람은 부부가 아니고 커플이다. 두 사람의 관계는 '사랑에도 불구하고 자유를, 독립에도 불구하고 결합을'이라는 표현으로 압축할 수 있다.

루브르 벤치에서의 청혼

사르트르가 인류 최초의 계약결혼을 제안한 역사적인 현장으로 가

보자. 루브르 박물관은 런던의 대영박물관, 상트 페테르부르크의 에르미타주 박물관과 함께 세계 3대 박물관으로 평가된다. 루브르 박물관은 왕의 궁전으로 사용된 곳이다. 부르봉 왕조가 파리 외곽의 베르사유 궁전으로 옮겨가면서 용도가 박물관으로 바뀌었다.

루브르 박물관은 'ㄷ'자 모양이다. 세 개의 획을 따라 리슐리외 관, 드농 관, 쉴리 관으로 나뉜다. 중앙에 있는 나폴레옹 광장은 보부아르와 사르트르가 연애할 당시에는 드넓은 광장이었다. 오랜 세월 박물관 출입문은 세 개의 관에 각각 따로 있었다. 지금은 나폴레옹 광장 한가운데에 있는 유리 피라미드로 통합되어 있다. 중국계 미국 건축가 I. M. 페이가 설계한 유리 피라미드를 통해 아래로 들어가야만 세 개의 전시관 출입구로 들어갈 수 있다.

나폴레옹 광장에는 눈을 씻고 찾아봐도 '나무 벤치'라고 부를 만한 게 없다. 그렇다면 두 사람이 앉았다는 벤치는 어디에 있을까. 바로 리

루브르 박물관

슐리외 관이다. 리슐리외 관은 1층이 조금 특별하다. 1층에 열주(列柱)를 세우고 그 안쪽에 긴 회랑을 두었다. 고대 로마의 건축양식이다. 그런데 열주 사이에 바깥쪽으로 붙박이 석재 벤치를 설치했다. 사르트르가 보부아르에게 계약결혼을 제안한 곳은 바로 이 벤치였다. 루브르 궁전이 건설된 때가 언제인데, 그때 이미 시민이 쉴 수 있는 공간을 배려했다니. 석재 벤치는 10여 개가 넘었고, 남향(南向)이었다. 다양한 얼굴빛의 사람들이 석재 벤치에 앉아 대화를 나누며 햇살을 즐기고 있었다. 남녀 커플도 보였고, 길게 다리를 뻗고 누워 있는 사람도 있었다. 사르트르가 보부아르에게 청혼한 곳은 어느 벤치였을까?

두 사람은 1931년 교사로 임용되어 보부아르는 마르세유로, 사르트르는 르아부르로 각각 발령을 받았다. 두 사람은 몇 군데의 임지를 돌다 2차 세계대전 직전 파리 근처의 학교로 옮기게 된다. 교직은 동서고금을 막론하고 다른 직업보다 상대적으로 시간적 여유가 있다. 보부아르는 거의 모든 신간을 읽었고, 또 방학 때마다 영국, 독일, 이탈리아, 시칠리아, 그리스, 중부 유럽 등을 여행했다. 틈틈이 글쓰기에 매달렸다.

보부아르는 몇 명의 동성 연인이 있었다. 이와 관련해 스캔들에 휘말리기도 했다. 제자 중 한 여학생은 교사인 보부아르가 자신을 성적으로 착취했다고 폭로한 적도 있다. 1939년에는 열일곱 살 된 여학생의 부모로부터 미성년자 유괴혐의로 고소당하기도 했다.

여기서 보부아르가 아이를 갖지 않기로 결심한 배경을 잠시 살펴보자. 여성 대부분은 결혼은 하지 않더라도 아이는 갖고 싶어 하는 본능이 있다. 보부아르는 이런 본능을 어떻게 억제할 수 있었을까. 보부아르는 글을 쓰고 여행하며 사는 인생이 아이 양육과 양립하기 어렵다고 판단했고, 한편으로는 부모로부터 받은 상처로 인해 부모가 되기 싫다는 심리도 작용했다.

보부아르의 결혼생활은, 형태는 다르지만 버지니아 울프를 연상시킨다. 버지니아는 작가 레너드의 청혼을 받고 성관계를 갖지 않는다는 조건으로 결혼했다. 이런 두 사람의 합의는 1941년 버지니아가 사망할 때까지 유지되었다.

계약결혼에 대한 생각은 세대별로 확연한 차이를 보인다. 한국의 베이비붐 세대 중에는 계약결혼에 호응하는 사람이 의외로 많다. 내용면에서는 보부아르와 사르트르 커플의 그것과 차이가 있지만 말이다. 개인의 행복 추구를 인생의 최대 목표로 여기는 베이비붐 세대의 논거는 명쾌하다. 100세 시대에 어떻게 20대에 선택한 배우자와 끝까지 살아야 하느냐, 어떻게 한 사람만을 평생 사랑할 수 있느냐는 주장이다. 가능하지도 않고, 가능할 수도 없다는 논리다. 일부일처제는 사실상 그 시효가 끝났고, 현재는 허울만이 남았다는 것이다. 계약결혼과 관련된 여러 가지 논의 중 가장 많은 이가 동의하는 것이 10년 단위 재계약이다. 10년을 살아보고 현재의 배우자와 맞으면 계약을 갱신하고 그렇지 않으면 계약 연장을 하지 않는다. 실현 가능 여부를 떠나 이 화두만 나오면 남녀불문 공감을 드러낸다.

교사에서 베스트셀러 작가로

1939년, 독일이 폴란드를 침공하면서 2차 세계대전이 발발했다. 2차 세계대전은 유럽인의 삶을 송두리째 흔들었고, 보부아르의 삶 역시 전쟁의 광풍에 휩쓸려 들어갔다. 사르트르가 군대에 재소집되어 최전선에 배치되었다. 얼마 후 사르트르는 독일군 포로가 된다. 이 사건은 보부아르에게 충격을 주었다. 훗날 보부아르는 다음과 같은 말을 남겼다. "역사가 나의 발목을 잡았고, 그 뒤로 나는 거기서 벗어날 수 없었다. 동시에 나는 문학의 세계에 심취하여 평생 몰입하게 되었다."

보부아르와 사르트르

2차 세계대전은 두 사람이 부정하면서도 안주하던 기성 질서를 한순간에 붕괴시켰다. 요새처럼 견고하게 보이던 세상은 순식간에 무질서로 변했다. 사르트르는 독일군 포로가 되면서 근본적인 사고의 변화를 겪는다. "포로로서의 연대 속에서 그의 반역적 개인주의가 무너진 것이다. 아버지의 부재로 인해 뿌리 깊게 존재하고 있던 사생아적 감각도 없어졌다."(이희영)

1차 세계대전은 보부아르가 어릴 때

발발해 직접적인 영향을 주지는 않았지만 2차 세계대전은 달랐다. 작가를 꿈꿔온 그녀는 사르트르를 만난 이후 10년간 수없이 습작을 했지만 이상하리만큼 글이 늘지 않았다.

나치 독일이 파리를 점령한 1940년 6월 이후 그녀는 파리에서 겨우 숨만 쉬며 지내야 했다. 모두가 그렇게 해야만 목숨을 부지할 수 있었다. 그녀는 절친했던 동료들이 레지스탕스로 나가 죽임을 당하는 것을 자주 목격했다. 살아남으려 숨죽이며 사는 삶이 부끄럽게 느껴지는 하루하루였다.

전쟁이 계속되고 점령 기간이 장기화되면서 파리에 물자부족 사태가 심각해졌다. 무엇보다 석유와 석탄이 절대 부족했다. 대중교통이 사실상 제기능을 상실하면서 시민들은 자전거를 이용하는 일이 많아졌다. 한겨울이 되자 상황이 더 악화되었다. 석탄이 모자라 난방을 하지 못하는 시민들이 추위에 떨다 얼어 죽는 경우가 속출했다. 보부아르 역시 집안이 추워 도저히 견딜 수가 없었다. 그럴 때마다 그녀는 '생제르망 데프레'의 단골 카페를 찾았다. 카페 되마고와 카페 플로르였다. 두 곳 중에서 차츰 플로르를 찾는 횟수가 늘었다. 플로르가 되마고보다 난방이 잘되었기 때문이었다.

1929~1939년은, 보부아르에게 풍요의 시기였다. 부모로부터 독립해 누구보다 자유롭고 아쉬울 게 없었다. 거칠 게 없었다. 그런데 이 시기의 습작은 아무런 결실을 맺지 못했다. 1939년 이후는 속박과 결핍의 시간이었다. 실존의 문제가 이때처럼 절박했던 적은 한 번도 없었다. 그녀는 한기에 떨면서 손가락을 호호 불며 원고지 칸을 메워나갔다. 글쓰기 외에는 아무것도 할 게 없었고, 카페 외에는 아무 데도 갈 곳이 없었다.

1943년 첫 작품 《초대받은 여인》이 완성됐다. 데뷔작은 베스트셀러가 되었다. 사르트르 역시 철학적 대작으로 평가받는《존재와 무》를 출간했다. 사르트르의 동반자였지만 작가로서 보부아르는 사르트르와는 별개로 명성을 얻었다. 같은 해 사르트르는 작가들의 비밀 레지스탕스 모임인 국민작가위원회에 참여했다. 보부아르는 사르트르를 통해 국민작가위원회 소속 카뮈, 주네, 쿠노 등과 알고 지내면서 연대감을 경험한다.

지적 동반자였던 두 사람은 서로가 작품을 쓰면 가장 먼저 읽는 독자이기도 했다. 열띤 토론이 이어졌다. 이것이 서로의 작품세계에 어떤 영향을 미쳤을지는 굳이 설명할 필요도 없다.

1945년, 그녀는 더 이상 밥벌이 때문에 교직에 있을 필요가 없었다. 교사를 그만두고 전업작가의 길로 들어섰다. 스위스, 네덜란드, 포르투갈, 미국 등에서 강연 요청이 쇄도했다.《초대받은 여인》을 히트시킨 그녀는 작품들을 잇달아 발표했다. 1945년 소설《타인의 피》와 희곡

플로르 카페 앞을
지나는 생제르망 대로

교사 시절 학생들과
함께 한 보부아르

《식충이》, 1946년 에세이《모호함의 도덕》을 펴냈다.

1947년에는 미국 강연을 초청받아 미국을 여행했다. 미국 여행 중 그녀는 미국 작가 넬슨 앨그렌을 만나 사랑에 빠진다. 앨그렌은 보부아르에게 파리로 가지 말라고 요구했지만 보부아르는 파리와 사르트르를 떠날 수가 없었다. 그녀는 1948년에 출간한 《미국 여행기》에서 앨그렌과의 관계에 대해 있는 그대로 서술했다. 보부아르와 앨그렌의 관계는 4년간 지속된다.

만들어진 여성

1949년은 세계사에 두 개의 혁명이 일어난 해로 기록된다. 하나는 중국 대륙에서 일어난 마오쩌둥의 공산혁명이고, 다른 하나는 남성 중심 세계에 도전장을 던진《제2의 성》의 출간이다.

《제2의 성》은 출판되자마자 일주일 만에 프랑스에서 2만 권이 팔

《제2의 성》표지

려 나가면서 베스트셀러가 되었다. 이와 함께 거센 반발을 불러일으켰다. 프랑스 가톨릭교회는 《제2의 성》을 금서로 묶어버렸다. 버지니아 울프와 같은 극소수의 선구적인 여성들만이 체감하던, 대부분의 여성이 당연한 것으로 받아들여온 성차별적·가부장적 여성관을 정면으로 공격했기 때문이다. 평소 친하게 지내던 남성 작가들조차 얼굴을 붉히며 보부아르를 비난했다. 카뮈와 모리악이 대표적이었다. 카뮈는 남성성(性)에 대한 공격으로 간주하며 노골적인 반감을 드러냈는데, 그는 보부아르를 앞에다 두고 "당신이 프랑스 남자의 위신을 깎아내렸다"고 비판했다. 모리악은 "구역질나는 책"이라고 비난했다. 《제2의 성》이 논란의 중심에 서자 책은 더 불타나게 팔렸다. 《제2의 성》은 즉시 영어로 번역되어 미국에서 출간되었고, 1년 만에 100만 부가 팔렸다.

보부아르는 실존이 본질에 우선한다고 믿었다. 사람은 여자로 태어나는 게 아니라 여자로 만들어진다고 생각했다. 그는 이 논거를 입증하려 헤겔이 만들어낸 '타자(the Other)'라는 개념을 빌려온다. 보부아르는 여성이 '제2의 성'으로 살아왔다고 주장하면서 '타자'라고 규정한다.

앞서 언급한 대로, 보부아르는 1929년부터 1939년 사이에 프티부르주아 같은 생활을 즐겼다. 이 시기에 보부아르는 거의 모든 신간을 읽었다고 말한 적이 있다. "거의 모든 신간을 읽었다"고 말할 수 있으려면 도대체 얼마나 많은 책을 읽어야 하는 걸까? 나는 이 대목과 맞닥뜨리는 순간, 아무리 독서를 많이 했다고 하더라도 감히 이런 말을 할 수 있을까 하는 반감과 거부감을 가졌다. 그런데 《제2의 성》 서문을 통과해 제1편 '운명'을 10장 정도 읽었을 때였다. 나는 보부아르의 지력(知

力)에 그만 백기투항했다.

보부아르는 여성을 유대인, 미국 흑인과 동격으로 놓고 설명한다. 독자들은 '유대인'이 비교 대상에 놓인 것을 의아하게 생각할 것이다. 그것은 이 책이 나온 시점이 1949년이라는 점을 감안해야 한다. 자료를 수집하고 구상한 시점은 2차 세계대전 발발 전이었을 것이다. 그는 차별과 핍박을 받던 유대인들이 2차 세계전쟁 중에 나치 독일에 의해 강제수용소에 끌려가 처형되는 것을 지켜봤다. 집단 학살의 끔찍한 기억이 여전히 생생했기에 유대인을 포함시켰던 것으로 보인다.

파리를 이해하려면 14구 마레 지구의 유대인 역사를 알아야 한다. 마레 지구의 별칭은 유대인 지구다. 랜드마크 기준으로 보면, 퐁피두 센터와 보주 광장 사이에 있는 직사각형 구역이다. 서쪽으로는 '비에 유 뒤탕플' 가와 동쪽으로는 '파베' 가로 나뉘고, 북쪽으로는 '프랑크 부르주아' 가와 남쪽으로는 '루아드시실' 가로 구획되는 구간이다. 이 직사각형 공간 안에 유대인 예배당 '시나고그'가 세 곳이나 밀집해 있다. 유대인 지구의 중심 거리는 '데 로시에르' 가이다.

파리 14구의 마레 지구

유대인 지구의 이정표는 식당 '조골든베르'이다. 1982년 8월, 이슬람 테러리스트들이 이 식당을 폭파시켜 여섯 명이 죽고 스물두 명이 부상당하는 사건이 발생했다. 당시 식당 내부가 일부 파손되기도 했지만 금방 복구되었다. 여전히 사람들은 비극적인 장

마레 지구의 유대 역사
예술 박물관

소였다는 사실에 아랑곳하지 않고 이 식당을 즐긴다. '조 골든베르' 식당에서는 유대인 민속음악인 클레츠머 연주를 들을 수 있다. 2015년 파리 테러 당시 비극의 장소였던 '카페 트리용'도 시간이 지나면 '조 골든베르'처럼 거리의 이정표로 자리잡게 될 것이다.

'데 로시에르' 가에 유대인이 처음 정착한 때는 13세기. 이 거리를 중심으로 본격적으로 유대인 공동체가 형성된 것은 19세기 들어서였다. 러시아, 폴란드, 중부 유럽의 유대인들이 이곳에 모여들면서 유대인 지구를 형성했다. 유대인들은 외교와 재정 분야를 제외한 모든 분야에 진출했다. 파리는 유럽의 그 어떤 도시보다도 상대적으로 유대인에 대한 억압과 차별이 약했다. 그 결과 동유럽 유대인들에게 파리는 제2의 예루살렘으로 여겨질 정도였다.

마레 지구에서 '데 로시에르' 가와 함께 이정표 구실을 하는 곳은 유대 역사예술 박물관이다. 퐁피두센터에서도 아주 가깝다. 지하철 11호선 랑뷔토 역에서 내려 '랑뷔토' 가로 들어서면 1분 거리에 있다. '뒤탕플' 가와 '랑뷔토' 가가 만나는 지점이다. 유대 역사예술 박물관에는 중세부터 현재까지 프랑스 유대인 역사를 보여주는 거의 모든 전시물이 모여 있다. 이 박물관에서는 정기적으로 전시회를 여는데 개관일에는 관람객들로 긴 줄이 늘어선다.

여성다움의 신화

다시 《제2의 성》으로 돌아가 보자. 보부아르는 자연 속에서 암컷과 수컷의 다름과 차이를 규명하려 생물학적 관점에서 접근해 들어간다. 그녀가 동원하는 생물학적 지식의 넓이와 깊이로 인해 나는 책을 읽으면서 여러 번 길을 잃을 뻔했다. 물론 생물학적 지식 외에도 그는 동물학, 세포학, 생리학, 유전학 등을 종횡무진 넘나들며 적절한 팩트를 동원해 논리를 뒷받침한다. 그는 곤충, 어류, 조류, 포유류까지 망라

보부아르

하며 생명 잉태와 탄생에서 난자와 정자의 역할과 차이를 비교한다.

놀라운 사실은 그 다음에 나온다. 이 과정에서 그 동안 한 번도 오류를 의심받은 적이 없는, 성인 반열에 올라 있던 고대 그리스 철학자와 의학자들이 추풍낙엽 신세가 된다. 아리스토텔레스와 플라톤은 여성을 열등하고 수동적인 존재로 만들기 위해 정말 가당치 않은 엉터리 논리를 설파한 철학자였음이 백일하에 드러난다. 성인 토마스나 히포크라테스도 마찬가지다.

그리고 인류에 접근한다. 그는 잉태 순간부터 태어나고 자라는 과정을 치밀하게 비교 분석한다. 심지어 남성과 여성의 평균 대뇌 무게까지 비교한다. 마침내 일차 결론에 다다른다. 생물학은 "왜 여자가 타자인가?"에 대한 우리의 질문에 답변을 줄 수 없다는 것이다. 여자와 남자의 차이는 신체적이고 생리적인 차이에서 오는 본질적인 것이라는 통념에 '증거 없음'이라고 선고한다. 모두가 믿어 의심치 않던 생물학적 결정론에 결정타를 날렸다.

그러면서 인류가 여자를 어떤 존재로 만들었는가를 알아야 한다고 말한다. 보부아르는 고고학자가 무릎을 꿇고 붓솔로 공룡 뼈에 묻은 흙을 털어내듯 프로이트의 정신분석학을 현미경을 들이대고 낱낱이

사르트르와 보부아르

파헤친다. 프로이트와 아들러를 비교하면서 두 사람이 남성과 여성을 어떻게 설명하고 있는지를 보여준다. 특히 프로이트의 '거세 콤플렉스'와 '음경 선망'이 보부아르의 논리적 공격 앞에서 맥없이 허물어진다.

이어 그녀는 유물사관의 광대한 초원에 거침없이 뛰어든다. 보부아르가 주목하는 것은 엥겔스의 책《가족, 사유재산, 국가의 기원》이다. 엥겔스에 따르면 청동 및 철제 도구의 발명으로 노동에서 남녀의 구분이 생기고, 이것이 사유재산 위에 구축된 가부장 가족의 출현으로 이어졌다. 엥겔스는 도구의 발명으로 '여성의 역사적인 패배'가 시작되었다고 주장한다. 그녀는 "엥겔스가 시도한 종합적 이론은, 우리가 지금까지 보아온 이론보다 일보 전진했지만 역시 우리를 실망시키고 있다"고 지적한다. "왜 여자가 타자인가?"라는 질문에 대한 답변은 경제적 실체만으로 설명되지 않는다는 얘기다.

보부아르가 지적하거나 사례로 인용하는 것을 보면 깜짝 놀라게 된다. 21세기의 현실과 완벽한 판박이여서다. 보부아르는 다른 문화권의 여성과 관련된 풍습과 유행까지도 샅샅이 섭렵한 듯하다. 예컨대 이슬람 문화권의 풍습과 유행을 설명하면서

지역적으로는 이슬람권에 속하지만 다른 유목민 베두인족의 사례를 든다.

《제2의 성》은 여성과 남성의 관계사이며 남녀관계로 본 세계사이다. '역사'와 '신화'에서는 기독교와 이슬람교의 경전에 언급된 여성과 남성을 살펴본다. 그리스 로마 신화는 유럽인의 정신세계를 직조해 낸 씨줄과 날줄이다. 그녀는 신화의 산과 들과 내를 주유(周遊)하며 그 속에 여성이 어떻게 묘사되고 있는지를 조명한다. 동서고금의 거의 모든 고전이 등장한다. 《아라비안나이트》와 《데카메론》을 비롯해 19~20세기의 주요 현대문학도 망라된다. 셰익스피어, 괴테, 도스토예프스키, 톨스토이, 윌리엄 포크너, 에드가 앨런 포, 오노레 드 발자크, 프란츠 카프카……. 〈시민 케인〉 같은 고전영화도 등장한다.

보부아르는 가부장적 남성 중심 사회가 여성을 타자로 만들기 위해 의도적으로 '여성다움의 신화'를 만들었다고 주장한다. 여성은 내재적으로 수동적이고 부드럽고 너그럽고 관용적이면서 동시에 침대에서는 요부의 이미지를 가져야 한다는 게 '여성다움의 신화'의 핵심 골자다. '잠자는 숲 속의 미녀', '백설공주', '신데렐라', '나르시즘', '영웅적인 어머니' 등이 신화를 전파하는 매개체다.

보부아르가 일반론을 펴다 독자를 설득하기 위해 동원하는 사례들은 '적재적소'라는 말이 무엇인지를 실증한다. 얼마나 방대한 책의 내용이 머리 속에 다양한 키워드로 체계적으로 분류되고 저장되어 있으면 이게 가능할까.

여자아이는 소녀에서 처녀가 되는 과정에서 월경을 한다. 작가는 수많은 소설과 신화 속에서 월경이 어떻게 그려지고 있는지를 적나라하게 보여준다. 영국, 미국, 프랑스, 이탈리아, 아랍 소설가의 작품 속에서 결정적인 대목을 핀셋으로 머리칼을 잡아내듯 끄집어낸다. 중동의

서재에 앉아 있는
보부아르

유목민 베두인족부터 북아메리카의 원주민 이로쿼이족의 신화까지 다 섭렵한다. 여자의 월경은 불결, 불길, 불순, 불행, 저주, 혐오, 부패, 그리고 재앙의 신호로 묘사된다. 우리가 존경해 마지않던 시인, 소설가, 철학자, 사상가들이 '여성다움의 신화' 창조와 관련된 공범이었음이 드러난다. 19세기 덴마크 철학자 키에르케고르 (1813~1855)는 이렇게 말했다.

"여자는 너무나도 기묘하고 불순하며 복잡한 그 무엇이어서 뭐라고 표현할 수 없다. 여러 가지 형용으로 표현한다면 서로 모순되기 때문에 여자가 아니고는 그런 모순을 견딜 수 없을 정도이다." 또 이렇게 말했다. "여자라는 것은 얼마나 불행한가! 그러나 여자의 진짜 불행은, 그것이 불행이라는 사실을 모른다는 것이다."

《현대 여성의 삶》에서 보부아르는 이렇게 말한다. 조금 긴 듯하지만 그대로 인용해 본다.

여자는 태어나는 것이 아니라 만들어지는 것이다. 남자가 사회에서 취하고 있는 형태는 결코 어떤 생리적·심리적·경제적 운명으로 결정되는 것이 아니다. 문명 전체가 수컷과 거세체(去勢體) 사이의 중간 산물을 만들어, 그 것에 여성이라는 이름을 붙였을 뿐이다. 타인이 끼어들어야 비로소 개인은 '타자'가 된다. 어린이는 자기만을 위하여 존재하는 동안에는 자기가 성적으로 구별되어 있다는 것을 이해하지 못한다. 소년소녀에게 처음 얼마 동안 육체는 주체성의 발현이며, 외부 세계를 이해하기 위한 도구이다. 아이들이 세계를 파악하는 것은 눈이나 손을 통해서지 생식기를 통해서가 아니다. 출생의 드라마는 물론, 이유(離乳)의 드라마도 남녀 유아에게 모두 똑같이 전개된다. 그들은 같은 흥미와 쾌감을 느낀다. 우선 빠는 행위가 그들에게 최초이자 최대의 쾌감의 원천이 된다. 곧이어 항문기에 접어들면 그들은 남녀 공통의 배설작용에서 가장 큰 만족감을 느낀다. 그들의 성욕 발달도 유사하다. 그들은 같은 호기심과 무관심으로 자신의 몸을 더듬고, 음핵과 음경에서 똑같이 막연한 쾌감을 끌어낸다. (……) 열두 살까지는 여자아이도 남자 형제들 못지않게 튼튼하며, 결코 뒤지지 않는 지적 능력을 나타낸다. 여자아이들이 남자 형제들과 경쟁하지 못할 영역은 하나도 없다. 만약 여자아이가 성인이 되기 전부터, 때로는 아주 어렸을 때부터 이미 성적으로 특별한 것처럼 우리들 눈에 비쳐지는 일이 있더라도, 그것은 신비한 본능이 그 여자아이를 태어날 때부터 수동성·교태·모성애에 어울리게 해버렸기 때문이 아니다. 거의 처음부터 아이의 생활에 타인이 개입하여, 아이는 강제적으로 그 인생의 직분을 떠맡게 되어버렸기 때문이다.(이희영 옮김)

카페 되마고의 보부아르 지정석

파리에서 커피 한잔 마시며 파리의 정신을 호흡하고 싶은가? 그렇다면 고민할 것 없이 카페 되마고와 카페 플로르를 가야 한다. 물론 시간적 여유가 있다면 프랑스 최초의 카페이자 유럽 최초의 문학카페인 '프로코프'도 메모해 두어야 한다.

먼저 카페 되마고로 간다. '되마고'라는 이름은, 내게 두근거림과 이음동의어였다. 작가를 꿈꾸던 시절, 기자를 거쳐 소설가로 변신한 어니스트 헤밍웨이는 나의 롤모델이었다. 헤밍웨이의 파리 시절 하면 빠지지 않는 곳이 바로 카페 되마고다. 헤밍웨이를 통해서 나는 파리에 '되마고'라는 카페가 있으며, 되마고가 '두 개의 중국 인형'을 뜻한다는 것도 알았다.

지하철 4호선 '생제르망 데프레' 역에서 내린다. 출구를 나오면 오른편에 오래된 성당이 보인다. '생제르망 데프레' 교회다. 파리에서 가장 역사가 오래된 교회답게 지하 납골당에는 철학자 데카르트가 잠들어 있다. 화창한 날씨라면 지하철 출구 앞에서 거리의 예술가들이 공연하는 장면과 조우할 수도 있다.

오래되었다는 것은 세월의 눈보라와 비바람을 견뎌왔다는 뜻. 이 교회는 피로 물든 프랑스 대혁명의 한 장면을 간직하고 있다. 1792년 9월 3일, 교회 부속 수도원에서 신부 318명이 폭도들에 의해 살해되었다. 폭도들이 신부들을 수도원에 몰아넣고 도륙하는 장면을 상상해 보라.

시인 기욤 아폴리네르 두상

카페 되마고는 이 교회 맞은편에 있다. 되마고로 가기 전, 잠깐 교회 뒷마당을 구경해 보자. 어떤 이의 두상(頭像)이 눈길을 사로잡는다. 시인 기욤 아폴리네르다. "미라보 다리 아래 센 강이 흐르고 우리의 사랑도 흘러간다. 나는 기억해야 하는가. 기쁨은 늘 괴로움 뒤에 온다는 것을……." 타이포그래피라는 개념을 최초로 만들어낸 사람이 또한 기욤 아폴리네르였다. 이 두상은 시인의 절친한 친구였던 피카소가 1959년 기욤에게 헌정한 것이다.

사진으로 수없이 보았던, 녹색 차양에 금

카페 되마고 전경

색 글씨로 쓰인 '레 되마고(Les Deux Magots)'라는 상호가 보이자 가슴이 뛰기 시작했다. 녹색 차양 아래 빼꼭히 놓인 의자에 파리지엥이 앉아 커피나 차를 마시며 담소를 나누고 있었다. 의자가 놓인 방향은 모두 대로변이다. 파리의 카페는 옥외 의자가 모두 도로를 향해 열려 있다. 파리지엥은 의자에 앉아 거리를 오가는 사람을 쳐다보는 것을 즐긴다. 또한 행인들이 자신들을 흥미롭게 지켜보는 것을 파리지엥은 흐뭇해 한다. 손님들 사이로 난 길을 통해 안으로 들어갔다.

자리에 앉아 커피를 주문하고는 내부를 살피기 시작했다. 되마고가

카페 되마고의
보부아르 지정석

자랑하는 메뉴는 옛날식 핫초콜릿이지만 나는 커피를 주문했다. 되마고는 1층 공간이 전부다. 명성에 비해 공간이 오붓하고 소박하다는 느낌마저 준다. 가장 먼저 눈길을 사로잡은 것은 홀 중앙 기둥에 붙어 있는 '되마고'다. 중국 상인의 나무 조각. 한때 파리에서 인기를 끌었던 중국 연극에서 이름을 가져왔다.

테이블과 의자와 등받이는 레드브라운 색으로 통일감을 주었다. 의자와 테이블을 천천히 살펴보았다. 오랜 세월 이곳을 지키며 손님들과 시간을 함께한 흔적이 곳곳에 남아 있었다. 벽면은 아이보리 계열의 베이지색이다. 내가 앉고 싶었던 자리가 있었다. 바로 보부아르가 글을 쓰던, 벽면과 붙어 있는 테이블이다. '보부아르 지정석'이라고 쓰여 있다. 사진으로

수없이 보던 그대로였다. 하나도 변하지 않았다. 나는 그 자리로 옮기고 싶었지만 그 자리는 다른 사람이 차지하고 있는 상태였다. 한 시간 이상을 기다리며 그 자리가 비기만을 기다렸지만 기회는 오지 않았다.

되마고의 별명은 문학카페다. 메뉴판에 "지적 엘리트가 모이는 곳"이라는 설명이 보인다. '벨 에포크' 시대에 내로라하는 작가들이 파리로 몰려들었다. 오스카 와일드, 어니스트 헤밍웨이, 헨리 밀러 등. 카뮈는 되마고에서 《이방인》을 썼다. 되마고는 카페를 사랑한 작가들에 대한 감사의 표시로 그들의 사진 액자를 벽면에 걸어놓았다.

보부아르 지정석 앞쪽 벽면에는 모직 재킷을 입은 헤밍웨이의 흑백 사진이 걸려 있다. 헤밍웨이가 즐겨 앉았다는 표시다. 문득 궁금해졌다. 보부아르와 헤밍웨이는 이 카페에서 만난 적이 있을까? 헤밍웨이는 파리에 두 번 체류했다. 처음은 1차 세계대전 후로 그의 나이 스물다섯 살 때였다. 그때 이미 헤밍웨이는 유명 작가였다. 보부아르는 헤밍웨이

카페 되마고 내부

카페 되마고의
화장실 계단

보다 아홉 살이 어리고, 작가로 이름을 얻은 때는 30대 중반이었다.

내가 호시탐탐 보부아르 지정석을 노리는 동안 다양한 피부색의 손님들이 카페를 드나들었다. 되마고의 단골인지 아니면 처음 오는 사람인지가 한눈에 식별되었다. 흥분과 긴장으로 달뜬 표정이 역력한 손님들은 되마고와 처음 만나는 사람들이다. 주로 아시아 사람들이 그랬다.

화장실에 가보기로 했다. 식당이든 카페든 때때로 화장실은 보이지 않는 곳에서 그곳의 진실을 말할 때가 있다. 화장실은 지하에 있었다. 그런데 지하로 내려가는 계단이 예사롭지 않았다. 아이보리색 계단이 나선형으로 돌아가고 있었다. 상아빛 계단은 레드브라운 벽면과 조화를 이루며 품격을 발산했다. 화장실 안도 마찬가지였다. 고객이 존중받고 있다는 느낌을 주기에 충분했다. 어떤 식당에 대한 인상이 화장실로 인해 결정되는 경우가 있는데, 되마고는 화장실 때문이라도 다시 와보고 싶은 생각이 들 정도였다.

보부아르 지정석에 앉아보겠다는 나의 1차 시도는 무위로 끝났다. 나는 다시 오기로 하고 되마고를 나와야만 했다. 두 번째 방문에도 무위로 끝났고, 세 번째 방문에서야 마침내 보부아르 지정석에 앉을 수 있었다. 의자가 푹신하다. 이 자리에 앉아 보기까지 얼마나 긴 세월을 기다려야 했던가. 보부아르의 사진을 처음 접한 때가 20대 초였으니 거의 30년 이상 그 장면은 나의 전의식(前意識)에 맴돌았다.

카페 되마고의
카페라테

지정석 뒤쪽 벽면 아래에는 보부아르와 사르트르의 이름이 새겨진 작은 금속판 두 개가 붙어 있었다. 나를 설레게 했던 그 사진에는 머리 쪽 벽면에 신문을 놓아두는 공간이 있었다. 역시 그대로였다. 보부아르는 언제나 탁자 두 개를 이용했다. 한쪽에 자료를 펼쳐놓고 만년필로 글을 썼다.

벽면에 등을 대는 옆자리에는 프랑스 여성이 고개를 숙인 채 열심히 노트북 자판을 두드리고 있었다. 카페 안에서 벌어지는 일, 손님들이 내는 소음과 가르송들의 움직임에는 전혀 관심을 갖지 않은 채 오로지 글 쓰는 데 몰입하고 있었다. 공개된 장소에서 그 여성은 마치 독립된 집필실에 있는 것처럼 보였다. 보부아르가 그랬던 것처럼. 나는 되마고에 올 때 보부아르가 앉았던 자리에서 이 책의 '보부아르 편' 원고를 한 줄이라도 쓰겠노라고 결심했지만 그 꿈은 이뤄지지 않았다.

되마고는 여전히 파리의 작가와 지식인들의 만남의 장소다. 되마고는 매일 아침 7시 30분에 문을 열고 다음날 새벽 1시에 문을 닫는다. 주말에도 문을 연다. 잠자는 시간만 빼놓고는 거의 종일 문을 여는 셈이다. 그러면 가르송들은 도대체 언제 쉬나? 매년 1월 한 주 동안 문을 닫는다.

꽃의 천국, 카페 플로르

이번에는 카페 플로르다. 플로르와 되마고는 생제르망 대로의 쌍벽이다. 되마고를 나와 좁은 골목길만 건너면 된다. 되마고와 플로르 사이에는 신문과 잡지를 파는 대형 키오스크가 있다. 파리에서 발행되는 모든 일간지와 주간지와 월간지를 진열해 놓았다. 생제르망 대로의 카페에 앉으면 누구라도 뭔가를 읽고 싶어진다. 이 가판대는 파리지엥의 욕망을 채워주기에 충분해 보였다. 생제르망 대로의 카페에서 스마트폰에 고개를 박고 있는 모습은 왠지 파리지엥과 어울리지 않고 격이 떨어져 보인다.

앞서 언급한 대로 보부아르와 사르트르는 2차 세계대전 기간 동안 난방이 잘된다는 이유로 아지트를 되마고에서 플로르로 옮겼다. 이 커플로 인해 플로르는 훗날 '실존주의 카페'라는 다소 형이상학적인 별칭을 얻었다. 1881년 문을 연 플로르는 카페 이름을 꽃과 풍요를 상징하는 그리스 여신 플로르에서 빌려왔다. 외벽 1층과 2층 사이를 화초로 장식해 카페를 이미지화했다.

현관을 들어서면 먼저 흰색 타일로 된 바닥이 눈길을 사로잡는다. 정문 안쪽에는 흰색 타일 바탕에 초록색 타일로 '플로르'라는 글자를 그려넣었다. 플로르는 1층과 2층으로 되어 있다. 1층은 되마고의 두 배 정도 되어 보였는데, 빈자리를 찾을 수 없을 정도였다. 좌석을 차지한 이들은 대부분 중장년층이다. 플로르는 파리의 카페들 중 드물게 화장실이 2층에 있다. 2층은 1층과 달리 공간은 작았지만 한결 한갓지고 아늑했다.

플로르 역시 되마고 못지않은 풍성한 이야기를 저장하고 있다. 보부아르와 사르트르 외에도 20세기 정신문명사에 이름을 남긴 인물들이 보이지 않는 이야기를 남겨두었다. 앞서 두상(頭像)으로 만난 기욤 아폴리네르도 플로르를 사랑했다. 아폴리네르는 이곳에서 피카소를 비롯한 화가, 시인들과 의기투합해 문예지《파리의 저녁》을 창간했다.

카페 플로르 전경

천천히 커피를 마시면서 나보다 앞서 플로르를 호흡한 인물들을 떠올려본다. 시간대만 다를 뿐 같은 공간에 있었다는 느낌을 맛보는 것은 아주 특별한 경험이다. 1950~1960년대 파리에는 새로운 영화운동인 누벨바그(Nouvelle Vague)가 밀려왔다. 젊은 세대가 주축이 된 누벨바그는 거대 자본을 앞세운 할리우드 영화에 맞서 기존의 영화 형식을 거부하며 새롭고 대담한 시도를 영화에 도입했다. 클로드 를로슈 감독의 〈남과 여〉가 바로 누벨바그 영화다. 플로르는 누벨바그 영화인들과 배우들의 단골이었다. 장 폴 벨몽드, 알랭 들롱, 로망 폴란스키, 시몬 시뇨레 등. 이브 몽탕의 부인이 된 배우 시몬 시뇨레는 플로르를 이렇게 찬미했다.

"내가 삶을 받은 곳은, 아니 그보다 오늘의 나는 1941년 3월의 어느 날 밤 파리 6구 생제르망 거리의 카페 플로르에서 태어난 사람입니다."

다다이즘을 추종하는 화가, 작가, 디자이너도 이곳을 찾았다. 자

카페 플로르 2층

코메티, 피카소, 헤밍웨이, 카뮈, 앙드레 말로, 생텍쥐페리, 롤랑 바르트……. 비행기 사고로 요절한 생텍쥐페리는 아내와 함께 찾곤 했다. 샤넬의 뒤를 이어 파리 패션계의 리더가 된 이브 생 로랑도 플로르를 좋아했다.

나치 점령기의 유명한 일화 한 토막. 광택이 번쩍거리는 검정색 롱부츠를 신은 나치 장교들이 으스대며 플로르의 문을 밀고 들어왔다. 여기서 영화 〈글루미 선데이〉에서 독일 장교가 되어 식당에 으스대며 들어온 한스를 연상해 보자. 나치 장교가 들어오면 플로르의 손님들은 일제히 침묵 모드로 돌변했다. 어느 누구도 독일 장교와 눈을 마주치지 않았다. 한껏 기대에 들떠 플로르에 들어온 나치 장교의 얼굴을 상상해 보라. 자기 자신이 투명인간처럼 느껴졌을 때의 그 당혹감을. 애써 플로르를 찾은 독일 장교들은 그래도 지식인 그룹에 속했다. 그들은 파리에 가면 말로만 듣던 플로르에 꼭 가보겠노라고 다짐했을 것이다.

가르송들도 마찬가지였다. 그들 역시 나치 장교를 마치 투명인간처럼 대했다. 불러야만 마지못해 주문을 받았다. 그것도 퉁명스럽기 짝이 없게. 장교들이 싸늘한 분위기를 견디지 못하고 나가면, 손님들은 그 순간부터 파안대소하며 와자해졌다. 레지스탕스에 참여하지 못한 문약한 지식인들은 이런 식으로밖에는 달리 저항할 방법이 없었다.

《북회귀선》의 작가 헨리 밀러는 되마고와 플로르를 동시에 사랑한 사람이었다. 그는 "생제르망 데프레가 사라지는 날, 프랑스는 달랠 길 없는 미망인이 되고 그 뒤 오래 살지는 못할 것이다"라고 말했다. 사르트르는 "나에게 플로르로 가는 길은 4년 동안 자유로 가는 길이었다"는 말을 남겼다. 사르트르의 한 친구는 이렇게 말했다.

"사트트르와 자리를 같이한들 그와의 대화 따위는 존재하지 않는다. 그는 혼자서 쉴 새 없이 말한다. 이쪽에는 말할 틈도 주지 않고 한

사르트르와 보부아르

숨 돌릴 사이도 없이 말을 한다. 말이 바로 분류가 되어 방출된다. 사람들은 말을 하면서 자기의 말을 노트에 쓰고 있는 사르트르의 모습을 보며 놀란다."

사르트르 역시 되마고 단골이다. 사르트르는 2차 세계대전 이전 이미 《구토》와 《벽》을 발표해 명성을 얻었다. 하지만 전쟁이 터지자 아지트를 되마고에서 플로르로 옮겼다. 이유는 보부아르와 같다. 플로르가 되마고보다 난방 시설이 좋았기 때문이다. 유류 공급이 원활했던 평화시대에는 두 카페의 난방 상태가 비슷했지만 기름 공급이 제한을 받자 차이가 벌어졌다.

보부아르는 오전에는 1층에서 작업을 했고, 점심을 먹고 다시 들어와서는 2층으로 자리를 옮겼다. 1층과 2층은 구조와 분위기가 확연히 달랐는데, 보부아르는 이 점을 활용해 기분전환의 효과를 맛보았다.

오래 전 나는 경기도 안성에 살던 고은 시인의 집필실을 가본 일이 있다. 그는 책상을 여러 개 두고 각각의 책상에서 각기 다른 종류의 글을 동시에 썼다. 이를테면 A책상에서는 소설을, B책상에서는 월간지 연재물을, C책상에서는 일간지 연재물을 쓰는 식이었다. 시인은 자리를 옮겨가면서 모드 전환을 하며 집중력을 유지하고자 했다.

보부아르와 사르트르가 이승에서 떠난 뒤 파리 시는 생제르망 데프레 광장을 '사르트르-보부아르 광장'으로 명명했다.

묘지의 키스 마크

보부아르는 《제2의 성》으로 세계적으로 가장 영향력 있는 여성이 되었지만 스스로 페미니스트로 자처하지 않았다. 그녀는 오히려 페미니스트 그룹과 거리를 두었다. 왜 그랬을까. 보부아르는 사르트르와 함께 사회주의 혁명을 꿈꾼 좌익이었다. 사회주의 실현만이 여성에 대한 모든 억압을 해소할 수 있다고 믿었다. 그런 보부아르에게 페미니스트들은 계급투쟁과는 관계없이 여성적인 문제만을 가지고 투쟁한다고 생각되었다.

두 사람은 사회주의 이념 확산을 위해 세계를 여행했고, 여러 종류의 글을 썼다. 특히 사르트르는 일관되게 좌익 활동가의 길을 걸었다. 1952~1956년 그는 프랑스 공산당에 가입해 활동했다. 이때 사르트르는 공산당의 논리를 답습해 한국전쟁을 북침(北侵) 전쟁이라고 주장하기도 한다. 그러나 1968년 '프라하의 봄'이 소련제 탱크에 의해 좌절되자 바르샤바 조약국들을 신랄하게 비판한다. 좌파 문예지 《현대》를 창간한 것도 사회주의 이념 확산을 위한 일환이었다. 사르트르는 죽을 때까지 《현대》의 발행인으로 있었다. 1968년 《현대》는 문화대혁명을 주도한 마오쩌둥 특집을 실었고, 두 사람은 파리 중심가에서 이 잡지

보부아르와 사르트르
가 1968년 마오쩌둥을
찬양하는 잡지 《현대》
를 시민들에게 나눠주
고 있는 모습

를 시민들에게 무료로 나눠주기도 했다.

보부아르는 1972년 여성해방운동(MLF)에 합류했다. MLF가 발족한
것은 1970년이었지만 곧바로 합류하지 않고 관망했다. 고심 끝에 MLF
에 참여하면서 그는 스스로를 페미니스트라고 공개 선언했다. 이후 보
부아르는 강연회를 통해 《제2의 성》의 행동강령을 전파하는 데 앞장
선다. 강연의 요지는 이랬다. "결혼하지 말라. 자신의 삶과 일을 가져
라. 자신만의 수입, 즉 자유를 가져라."

한신대 영문학과 고정갑희 교수는 네이버 지식백과에 올린 《제2의
성》에서 보부아르가 사회주의자에서 페미니스트로 변신하는 과정을
이렇게 쓰고 있다.

"사회주의 혁명을 향해 가는 길목에서 여성의 조건을 개선하기 위해
싸워야 한다는 것을 깨달았던 보부아르는 여성운동과 여타 다른 사회

운동 사이의 관계에 대해 생각할 여지를 제공한다. 보부아르의 이 깨달음은 1968년 5월 이후 프랑스에서 처음으로 여성단체가 발족된 것과도 연결된다. 남성들과 나란히 바리케이드를 치고 싸웠지만 여전히 자신들은 남성의 성적 봉사물에 불과하거나 비서, 요리사 역할까지 담당해야 한다는 사실을 68혁명에 동참한 여성들은 깨달았다."

1979년이 되자 사르트르는 노환 증세가 급격히 나타났다. 보부아르는 사르트르의 육체가 쇠하는 과정을 냉정하게 기록했다. 자신의 최대의 업적은 사르트르와 함께 한 인생이라던 보부아르. 그는 자신이 숭배한 위대한 남자의 마지막 순간들을 '작별 기념식'이라는 문건으로 남겼다. 이것은 생전의 사르트르가 보부아르에게 요구한 것이었다. 1980년 들어 사르트르는 병석에서 일어나지 못했고, 4월 15일 눈을 감았다.

운구차가 몽파르나스 길을 지날 때 연도에는 5만 명 이상이 사르트르의 마지막 길을 배웅했다. 흑백사진으로 남아 있는 장례 행렬 사진

1985년의
보부아르 모습

을 보면, 사르트르에 대한 프랑스인의 사랑이 어느 정도였는지를 짐작할 수 있다. 사르트르는 몽파르나스 묘지에 안장되었다. 그러나 보부아르는 사르트르의 장례식에 참석하지 않았다. 보부아르는 사르트르가 세상을 떠나고 정확히 6년 되는 날인 1986년 4월 14일 눈을 감았다.

지하철 4호선과 6호선이 만

나는 '라파일' 역으로 간다. 지하 역사를 벗어나려 계단을 오르면 엑토르 기마르의 아르누보 장식의 유려한 곡선이 창공을 배경으로 수놓아져 있는 게 보인다. 지상으로 나와 왼쪽으로 걸으면 금방 몽파르나스 묘지다. 정문으로 들어가니 왼편에 묘지 주소 안내판이 서 있다. 나는 수첩에 주요 인물들의 주소를 메모하고는 묘지 순례를 시작했다.

몽파르나스 묘지는 작가와 예술가들이 유난히 많다. 아마도 몽파르나스 지역이 예술가들의 주요 활동 무대였던 까닭이리라. 《악의 꽃》의 시인 보들레르, 《고도를 기다리며》의 극작가 베케트, 《여자의 일생》의 소설가 모파상, 〈죽음의 무도〉의 작곡가 생상스, 〈키스〉의 조각가 브랑쿠시, 사진가 만 레이, 화가 샤임 수틴, 작곡가 겸 가수 갱스부르 등.

몽파르나스 묘지는 몽마르트 묘지나 페르 라셰즈 묘지와 달리 평지에 조성되어 걷기에 편하다. 내가 찾아간 날은 유모차를 미는 부부부터 지팡이를 짚고 느릿느릿 걷는 노인까지 만유(漫遊)를 즐기고 있었다. 그러나 뙤약볕이 내리쬐는 한여름에는 그늘이 없어 묘지 산책이 힘겹게 느껴질 수도 있다.

나는 보부아르를 만나기 전에 6구역을 먼저 들르기로 했다. 《악의 꽃》의 시인 샤를 보들레르를 만나고 싶어서다. 보들레르의 묘비에는 빼곡하게 글이 쓰여 있었다. 복잡한 묘비명에서 가혹한 운명의 주인공이 걸어야 했던 행로가 보이는 듯했다. 시인은 어머니와 재혼한 의붓아버지를 혐오한 나머지 죽으려고까지 했다. 하지만 죽어서 의붓아버지의 가족묘에 묻히는 처지가 되었다. 1978년 미당 서정주는 이곳에 와서 〈보들레르 묘지에서〉라는 시를 썼다.

이제는 보부아르를 만나러 갈 차례다. 보부아르 묘지는 20구역에 있다. 2차 세계대전 후 문학의 리더였던 보부아르와 사르트르. 두 사람의 묘지 앞에는 꽃송이들이 놓여 있다. 놓인 지 오래어서 마른 꽃도 보였고, 아직 생기가 남아 있는 꽃도 있었다. 묘비는 베이지색이었다. 그런데, 묘비에 입술 자국 수십 개가 찍혀 있는 게 아닌가. 붉은색 루즈가 핏빛처럼 선연했다.

누구에게 보내는 키스 마크일까? 두 사람 모두에게? 나는 보부아르에게 보내는 키스 마크일 거라고 굳이 생각해 본다. 프랑스 여성뿐 아니라 세계 여성들이 보부아르에게 보내는 사랑과 존경. 사람이 한 생애를 살면서 하고 싶은 것을 하고 사는 사람은 소수에 불과하다. 적극적 의미에서 자유는, 하기 싫은 것을 하지 않으면서 사는 게 아닐까. 보부아르는 하기 싫은 것을 당당히 하지 않으면서 하고 싶은 일을 마음껏 즐기며 세상을 바꾼 사람이다.

이승에서 한 번도 함께 산 일이 없던 보부아르는 저승에서 처음으로 사르트르와 같은 공간을 사용하고 있었다. 생전에 보부아르는 이런 말을 했다.

"나는 내 인생에서 여지가 없는 확실한 성공 하나를 말할 수 있다. 그것은 사르트르와의 관계이다."

보부아르와
사르트르의 묘

보부아르 다리에서

내가 글을 쓰면서 자주 인용하는 문장이 있다. 존 F. 케네디 대통령이 1964년 시인 로버트 프로스트(1874~1963) 1주기 추도식에서 한 연설이다. 로버트 프로스트는 시 〈가지 않은 길〉로 한국인에게 친숙한 시인이다.

"한 나라는 그 나라가 배출한 인물만이 아니라, 그 나라가 기리는 인물, 기억하는 인물을 보면 그 나라가 어떤 나라인지 알 수 있습니다."

파리지엥이, 아니 프랑스인이 보부아르를 어떻게 생각하고 있는지를 확인하고 싶다면 보부아르 다리로 가보라. 센 강은 파리를 좌안과 우안으로 나누며 꼬불꼬불 사행(蛇行)한다. 센 강은 휘돌아가면서 섬 두 개를 뿌려놓았는데, 그 중 가장 큰 섬이 시테 섬이다. 파리의 시원(始原)은 시테 섬에 있다. 당연한 이야기지만 시테 섬 주변의 다리들이 가장 오래되었다. 저 유명한 '퐁네프' 다리도 바로 시테 섬 끝자락에 걸쳐 강의 양안(兩岸)을 연결한다.

20세기까지 센 강에는 모두 36개의 다리가 있었다. 이 중에는 '퐁데자르' 같은 보행자 전용 다리도 몇 개 있다. 가장 최근에 놓인 다리가 2006년에 37번째로 놓인 다리다. 바로 보부아르 다리다. 서울 한강에는 모두 31개의 다리가 있지만 사람 이름을 붙인 다리는 한 곳도 없다.

이제 마지막 여정으로 보부아르 다리에 들러보자. 14호선 '비블리오테크 프랑수아 미테랑' 역에서 내린다. 대통령을 지낸 프랑수아 미테랑(1916~1996) 이름을 붙인 국립도서관 역이다. 14호선의 남쪽 종점 직전 역이다. 14호선 베르 시 역에서 내려 가는 방법도 있지만 그 길을 선택하면 왜 하필 이 다리에 '보부아르'라는 이름을 부여했는지를 깨닫지 못할 수도 있다.

국립도서관 역에서 나와 쇼핑상가를 지나면, 어디서 많이 본 듯한 이미지의 건물 네 동이 직사각형의 네 꼭짓점을 이루고 서 있는 모습이 눈에 들어온다. 책을 세워놓은 이미지다. 네 권의 책 가운데 중정(中庭)을 두었다. 프랑스가 자랑하는 건축가 도미니크 페로의 설계로 1996년 완공된 건축물이다. 페로는 서울 이화여자대학교의 ECC를 설계한 사람이기도 하다. 원래 국립도서관은 파리 중심가에 있었으나 미테랑 대통령의 '그랑 프로젝트'에 따라 파리의 동부 지역 활성화를 목적으로 이곳에 새로 지어졌다.

도서관 4개 동의 색조는 옅은 갈색, 즉 종이색이다. 도서관을 둘러싼 바닥은 나무 데크. 여기까지 왔다면 잠깐이라도 프랑스 국립도서관의 분위기를 느껴볼 필요가 있다. 널찍한 공간에서 자유롭게 책을 읽고 자료를 열람하는 사람들의 모습이 지적 욕구를 자극한다. 4개 동의

보부아르 다리 왼쪽으로 프랑스 국립도서관이 서 있다.

도서관에는 자그마치 1,200만 권의 장서와 함께 참고자료, 5,000여 개의 디지털 자료, CD롬 등이 소장되어 있다. 또한 매년 다양한 전시회가 열린다.

도서관을 나와 센 강 쪽으로 몸을 돌려 몇 발자국 걸어간다. 강바람에 머리카락이 흩날려 시야를 가린다. 센 강으로 내려가는 계단식 목재 데크에 도란도란 앉아 시원한 강바람을 즐기는 파리지엥들이 보인다. 도서관 뒤쪽으로 다리가 보인다. 보부아르 다리다.

보부아르 다리에 가는 방법은 두 가지다. 하나는 센 강 둑방로까지 내려가 횡단보도를 건너가는 방법이고, 다른 하나는 도서관과 연결된 목재 데크를 따라 도로를 건너지 않고 곧바로 다리에 접근하는 방법이다. 다리는 복층 구조의 보행자 전용이다. 아래층은 평면이고, 위층은 곡선이다. 물결 모양의 곡선은 평면인 아래층과 붙었다 떨어졌다를 반

보부아르 다리

복한다. 나는 처음에는 아래층으로 다리를 건넜고, 돌아올 때는 위층으로 다리를 건넜다. 다리 상판은 목재를 이어붙였다. 5센티미터 정도의 틈 사이로 센 강의 물결이 출렁이고 있었다. 다리를 건너면서도 쉼 없이 흘러가는 센 강이 전해져 왔다. 보부아르 다리는 기능면에서는 교량이지만 동시에 철학이고 예술이었다. 다리를 건너면서 나는 왜 이 다리를 '보부아르 다리'라고 명명했는지를 깨달았다. 목재로 되어 있는 다리 상판은 도서관을 둘러싸고 있는 목조 데크와 물 흐르듯 연결되었다. 도서관은 지식의 수장고이면서 지식의 발전소다. 그 에너지가 다리를 통해 확장되고 있었던 것이다.

보부아르가 누구인가. 프랑스 역사에서 남녀를 통틀어 책을 가장 많이 읽은 사람 중 한 명이다. 보부아르는 어디에서 책을 읽었을까. 말할 것도 없이 국립도서관이다. 그러니 국립도서관과 연결되는 다리에 보부아르의 이름을 부여하는 것은 프랑스인의 사고방식으로는 당연했다. 보부아르 다리에서 나는 서울 교보문고 앞의 돌에 새겨진 유명한 글귀가 생각났다. 센 강 위에서 나는 그걸 변형시켜 혼자 중얼거렸다.

"책이 보부아르를 만들었고, 보부아르가 세상을 바꿨다."

참고문헌

《30분에 읽는 시몬느 드 보봐르》, 앨리슨 홀랜드 지음, 양혜경 옮김, 중앙M&B

《501 위대한 작가들》, 줄리언 패트릭 책임편집, 김재성 옮김, 뮤진트리

《Culture Chanel 장소의 정신》, ddp

《Guide to the Musée Rodin Collections》, Musée Rodin

《Maison de Victor Hugo Museum Guide》, Paris Musée

《Marcel Proust》, BnF

《Modigliani ― Legend of Montparnasse》, Seoul Arts Center

《PARIS ― Eyewitness Travel》, DK

《Piaf》, BnF

《The Gay 100 1-2》, 폴 러셀 지음, 이현숙 옮김, 사회평론

《게으른 산책자》, 에드먼드 화이트 지음, 강주헌 옮김, 효형출판

《고리오 영감》, 오노레 드 발자크 지음, 임희근 옮김, 열린책들

《나귀 가죽》, 오노레 드 발자크 지음, 이철의 옮김, 문학동네

《논란의 건축, 낭만의 건축》, 정대인 지음, 문학동네

《도시의 역사》, 조엘 코트킨 지음, 윤철희 옮김, 을유문화사

《드골》, 마이클 E. 해스큐 지음, 박희성 옮김, 플래닛미디어

《레 미제라블 ― 고전 찬찬히 읽기》, 수경 지음, 작은길

《레 미제라블 1-5》, 빅토르 위고 지음, 정기수 옮김, 민음사

《로댕, 신의 손을 지닌 인간》, 이희재 옮김, 시공사

《마리 앙투아네트 운명의 24시간》, 나카노 교코 지음, 이연식 옮김, 이봄

《말테의 수기》, 라이너 마리아 릴케 지음, 김용민 옮김, 책세상

《모딜리아니 열정의 보엠》, 앙드레 살몽 지음, 강경 옮김, 다빈치

《목로주점 상·하》, 에밀 졸라 지음, 유기환 옮김, 열린책들

《발자크》, 파트리크 베르티에 외 지음, 임헌 옮김, 창해

《별》, 알퐁소 도데 지음, 김택 옮김, 꿈꾸는 아이들

《빅토르 위고》, 델핀 뒤사르 지음, 백선희 옮김, 동아일보사

《살롱문화》, 서정복 지음, 살림

《에밀 졸라》, 전진하는 진실, 박명숙 엮고 옮김, 은행나무

《에펠 스타일》, 마르틴 뱅상 지음, 배영란 옮김, 미메시스

《유럽 카페 산책》, 이광주 지음, 열대림

《잃어버린 시간을 찾아서》, 마르셀 프루스트 지음, 김희영 옮김, 민음사

《잃어버린 시간을 찾아서》, 스테판 지음, 열화당

《제2의 성, 시몬느 드 보부아르》, 이희영 옮김, 동서문화사

《제르미날 1~2》, 에밀 졸라 지음, 박명숙 옮김, 문학동네

《츠바이크의 발자크 평전》, 슈테판 츠바이크 지음, 안인희 옮김, 푸른숲

《코코 샤넬》, 에드몽드 샤를 루 지음, 강현주 옮김, 디자인이음

《클라시커 50 여성》, 바르바라 지히터만 지음, 안인희 옮김, 해냄

《파리 혁명과 예술의 도시》, 김복래 지음, 살림

《파리는 깊다》, 고형욱 지음, 사월의책

《포도주, 해시시, 그리고 섹스》, 조은섭 지음, 밝은세상

《프랑스 문화예술, 악의 꽃에서 샤넬 No. 5까지》, 고봉만 외 지음, 한길사

《프랑스 문화와 상상력》, 박기현 지음, 살림

《프랑스 현대소설의 탄생》, 김화영 지음, 돌베개

《프루스트의 화가들》, 유예진 지음, 현암사

찾아보기

작품명